AF372752

EL PIBE
pases y mares de fantasía

Colección Montaña Mágica

Título original de la obra: EL PIBE, PASES Y MARES DE FANTASÍA

Primera edición: 1998.
Reimpresión: 2018.

©   Wilmer A. Daza Bohórquez
©   Cooperativa Editorial Magisterio
      Diagonal 36 bis # 20-70 *(Parkway La Soledad)* PBX: 3383605/06
      Bogotá, D.C., Colombia
      www.magisterio.com.co
      info@magisterio.com.co

Dirección General: Alfredo Ayarza Bastidas
Dirección Editorial: Pío Fernando Gaona Pinzón

Ilustraciones internas y de carátula: Luis Aurelio Durán

ISBN Libro: 978-958-20-0432-3

A
Oswaldo, El Pescaíto Calero
y
a mi hijo Nicolás
quien de noche teje sueños azules

La mañana estaba vestida con el aire fresco que los ventiladores del mar de Taganga esparcían sobre aquel barrio hecho con tesón por portuarios y pescadores, que desde el despertar del día soñaban con sus atarrayas coloreadas del rojo ligero del pargo, de la gris y blanca piel de la sierra, del azul-plomizo del bonito y del plateado de las sardinas que hacían de aquellas mallas el alma y la alegría de aquel pedazo de tierra del olvido. Barrio de hombres recios y esbeltas mujeres que recorrían las calles ardientes de Santa Marta, con las bateas sembradas en las cabezas adornadas por las caritas ingenuas de los pescados, que en hileras unos sobre otros se acostaban como un niño que se duerme en el pecho de su madre cuando escucha los pasos falsos de los fantasmas.

Doblaban las campanas alborotando a las golondrinas y canarios, que formaban en el aire una especie de triángulo de amor; la tambora del viejo Matei se oía en todo el barrio cantando *Josefa Matía.* Los cohetes y el buuuuu de los barcos del puerto cubrían las sonrisas del cielo azul.

"Alguien se ganó la lotería del Libertador", comentaron unas señoras que tomaban tinto en las ventanas de sus casas. Unos abuelos señalaron, "esos deben ser los portuarios que cogieron primas". Para mí, dijo un bacán parado en la esquina de la tienda de Pan Viejo, "seguro eso fue un corone que hicieron los marimberos".

Kiko Valle, una araña en el arco del Magdalena, Tronquito Hernández, fusilero de la defensa, Malaza Vargas, el botinero mayor, medía metro y medio y en un partido contra el Cúcuta Deportivo hizo llorar en la cancha a Cleto Castillo, defensor uruguayo de un metro con noventa centímetros, considerado el verdugo de los delanteros colombianos, Pablo Huguett lleno de agallas en sus piernas, el Toto Valderrama, la bordadora del medio

campo, traían cargado a Jaricho Valderrama y todos, con sus rostros empolvados de maizena y botellas de ron en las manos, se adelantaron a los dolores de parto de Juana Palacios Llanes, una mujer con estampa de princesa marinera, que con Carlos Valderrama Puche, el fósforo del pescado y el hierro del guineo urdieron un matrimonio fértil de sardinas y sardinos.

El dos de septiembre de mil novecientos sesenta y uno, nació Carlos Alberto Valderrama Palacios. Pescadito dorado de ojos color miel, llegó en una canoa, envuelto en un toldillo cubierto de escamas amarillas y azules y una estela de estrellas en su cabeza de oro al son de tambores, maracas y un coro de algas, caracoles y caballitos de mar entonando canciones de cuna caribe.

Una casa modesta y bullanguera, empotrada en los cerros de tunas y cardos del barrio Pescaíto, albergó los primeros sueños de aquel niño rubio.

Su niñez transcurrió alrededor de la libertad de sus pantalones cortos, jugando a la lleva y a las escondidas con sus amigos de cuadra; siempre era el último en ser atrapado porque se trepaba en las copas de los árboles como mico de selva tropical.

A los siete años, impulsado por la velocidad de su imaginación, empezó a pintar guayos, balones, pescados y el uno más el cero en las paredes y la mesa del comedor con unas barritas blancas que su padre cargaba en su bata de maestro de escuela. Garabateaba los espacios de las baldosas de su cuarto amontonando ese polvillo molesto que se desprende de la tiza para luego untársela en el cuerpo; quedaba como una gelatina de mercado buscando imitar a su padre en tiempo de carnaval.

–Juana, el niño está a punto de caramelo para meterlo a la escuela– afirmó el profesor mirando por encima de sus lentes caídos.

Ingresó a la escuela pública John F. Kennedy. Las quejas de los profesores empezaron a llenar de canas a quien desde los salones de clase pregonaba la buena disciplina, el respeto a los mayores y las sanas costumbres.

A tutiplén aparecieron entonces los correazos y el rosario de prohibiciones a los juegos de trompo, béisbol, boliches y todo aquello que tuviera que ver con sus pilatunas; pero los sentimientos de culpa mutuos terminaban siempre en los brazos de Juana que, con sus cánticos marinos, le hacía conciliar sus sueños al vaivén de la mecedora y la luz intermitente que venía del morro de la bahía.

En esos primeros años, tejiendo sueños y jugando picaos con la vida, empezó a conocer los vericuetos de Pescaíto. Por su propia iniciativa, armaba el equipo de la calle quinta para competir con otras líneas de niños de San Martín, Rincón Guapo, Cuatro Bocas y Quinto Patio; pateaban sin misericordia, a puro pie desnudo, las legendarias pelotas de trapo en las polvorientas calles encantadas por sus picardías.

Las calles, con el beneplácito de los vecinos, parecían unos pequeños estadios, con barras a los lados y detrás de las puertas; se jugaba el honor y la gallardía de la calle representada. Nadie iba a su casa a tomar agua porque de pronto alguno de sus padres no lo dejaba salir más o tal vez el capitán de calle lo reemplazaba por otro de una cola interminable de pelaos que estaban haciendo sus primeras jugadas.

Un monito, delgado y peleador desde entonces, acariciaba las fibras de seda de aquel pequeño globo, imitación de balón. Nadie se imaginaba lo que estaba naciendo en aquellas piernas largas que comenzaban a hacer paredes con los sardineles y las puertas de las mismas casas, túneles a la brisa callejera y quiebres de cintura al sol que endurecía el cabello y la piel mas no el placer de jugar de aquellos impetuosos infantes.

Algunos momentos de rabietas de varias madres, que desde las cocinas levantaban sus gritos y sus pelos como erizo disgustado, eran combinados con la pasión del gol que uno de sus hijos coreaba a todo pulmón, haciendo la acostumbrada montaña humana. Todo ello hermanaba y reverdecía la historia de un barrio reconocido universalmente como uno de los más grandes semilleros de futbolistas.

El Pescaíto dorado, cuando perdía un partido, se encerraba en su cuarto a llorar y no acudía a la mesa del comedor a disfrutar los suculentos sancochos de lebranche o cuando Juana combinaba un arroz volao de camarones, ensalada y plátano melao. Tampoco hacía las tareas del día siguiente, peleaba con sus sombras y sólo su padre lo acercaba a las tareas de matemáticas e historia ofreciéndole llevarlo el domingo al Estadio Eduardo Santos para ver jugar a su tío, el Toto Valderrama, tan fino al jugar que el balón parecía imantado a sus pies y de tanto acariciarlo lo dejaba del tamaño de un corozo.

La tristeza le duraba varios días hasta cuando tomaba la revancha correspondiente; nunca le gustó perder. Animaba y gritaba a sus compañeros cuando no hacían los pases bien o no metían la pierna con suficiente ardentía. "El fútbol hay que jugarlo con lo que ponen las gallinas", vociferaba cuando estaba ofuscado. Carlos Valderrama Junior era quien hacía las alineaciones, sacaba y metía a los jugadores según su leal táctica y precocidad.

–Carlos, ¿a qué horas va hacer la tarea ese muchacho? En esta casa ya no hay medias que alcancen, el diablillo ese se la pasa en el patio haciendo pelotas de trapo y no se acuerda ni de comer– gritaba Juana desesperada.

Jaricho, sentado detrás de la ventana como si estuviera en la gradería del estadio, oteaba con ojos de técnico puntilloso las jugadas de su hijo; no le contestaba a Juana quien, alborotada, no encontraba el último vestido de calle que su esposo le había regalado el día de su cumpleaños. Los partidos más sabrosos se hacían cuando llovía porque el agua refrescaba el día y la tierra. La pobre bola de trapo, hecha de hilachas de alegrías y afugias de sus padres, de las polleras de carnaval de su abuela Clementina Puche y de las lecciones de veteranía del abuelo Julián Valderrama, lo acompañó en sus primeros pinitos futbolísticos. La mayor felicidad del niño Carlos y sus amigos residía en los días de lluvias porque no iban a clase y se la pasaban de amor con su pelota de trapo.

Fue la danza de la bola de trapo. Cada barrio, calle y cuadra se inventó su forma peculiar de moldearla; unas fueron hechas con los trapos desahuciados de las viejas costureras que con sus máquinas Singer y sus manos de seda vestían a sus clientes; otras con trapo, aserrín, papel periódico, caucho y cuanto menjurje se les ocurría a los muchachos introducirles y pintadas casi todas de rojo y azul, colores tradicionales del departamento y en especial de las otroras gloriosas selecciones y del Unión Magdalena.

Más tarde los barranquilleros, contagiados por la euforia y versatilidad de la voluptuosa circunferencia que tenía un diámetro de veinte centímetros aproximadamente, la perfeccionaron y la comercializaron extendiéndola por toda la Costa Atlántica, más brincona y menos primitiva pero siendo siempre la niña hermosa que enamoraba a los piernipeludos costeños que, a punta de taquitos de sueños y chilenas de fantasías, querían golear de esperanzas los arcos cerrados a sus vidas.

Un veinticinco de diciembre, el monito de churcos dorados en la cabeza amaneció con una bola de cuero marrón con un ombligo en la mitad como los humanos, una vejiga roja llena de aire y un tubito por donde respirar. Su alegría no cupo en sus pies y de tanto darle patadas solo, en el patio de su casa, el balón de vejiga estalló espantando la emoción preliminar del pequeño Carlos que, como alma que lleva el diablo, fue a parar a la cama de Juana y Jaricho, que se morían de la risa, tapándose el rostro con la sábana.

La pelota de trapo y el balón de ombligo, que como aretes de mujer cuelgan a la entrada del barrio Pescaíto, brincan de nostalgia y lloran de alegría cada treinta y uno de diciembre a las cuatro de la tarde cuando el Pibe Valderrama llega y alumbra a La Castellana con la flecha del pase-gol.

Una tarde sacó Carlos Junior de su maleta de trapo una circular, que fue recibida por su padre con una mano fría empapada de timidez. Citación, decía en la parte superior en el centro de la hoja, y sin terminar de leer el resto del escrito se imaginó que era otra reconvención o que lo habían expulsado de la escuela. Asistió con su hijo al plantel, vuelto un manojo de nervios. Varios padres de familia lo saludaron afectuosamente, felicitándolo por el último partido jugado contra la Selección Antioquia, cuando faltando dos minutos sacó una pelota de la raya del gol, coronándose la Selección Magdalena campeón del torneo nacional de mayores.

Desde un improvisado auditorio y en medio de un calor espantoso, se escuchaba la voz quejumbrosa de la directora de curso, quien entregaba el boletín de calificaciones, en el que el buen resultado de Carlos en Matemáticas contrastaba con su regular desempeño en Castellano. En conducta y disciplina había una palabra en rojo que se divisaba desde el mirador del rodadero: Reprobado.

En voz baja y en un rincón del salón, Jaricho no sabía cómo hablar, si como colega, padre o jugador. Sin embargo, le dijo a la profesora Elvia Peralta de Ahumada:

—Es normal que sea así, está en la etapa del juego y del crecimiento biológico; la curiosidad y la molestadera infantil; él no se está quieto ni dormido; le prometo que mejorará.

Con un volcán de indignación en su sangre, el profesor Valderrama le hizo un cambio de cuerpo al portero y como saeta endemoniada llevaba apretada la muñeca de aquella aguamala que no se explicaba por qué su padre contenía tanta furia en sus ojos.

En lo único que sacó excelente fue en Educación Física. El profesor Valderrama se enteró de que su hijo hacía parte de la selección de la escuela y era muy buen compañero, lo cual niveló un poco su precario estado emocional "porque si no sirve para el estudio ...".

No terminó su primaria en la escuela John F. Kennedy, la cual le quedaba a escasas cuadras de su casa. Allí dejó regados sus primeros cuadernos pintorreteados por lápices mochos, un mar de lágrimas sobre las tapas de los pupitres de su compañeros de clase y la aparente tranquilidad de sus profesoras Elvia Peralta de Ahumada y Rosa Arroyo de Mobil, que se consideraban satisfechas con el deber cumplido. Los pájaros de la escuela le entonaron una sinfonía de despedida y los peces empinados en la orilla de su pecera sacaron sus aletas agradeciéndole las migajas de pan que todos los días les llevaba.

Cerca de la iglesia de la Catedral, imponente como casi todas las iglesias del mundo, ubicada en el centro de Santa Marta, se encontraba un pequeño colegio privado llamado Agustín Codazzi. Allí hizo su quinto de primaria bajo la mirada espiante del profesor Valderrama, quien ejercía en el mismo plantel;

lo llevaba y lo traía a su casa en un remedo de bicicleta con la cual ha realizado todas las actividades de su vida como profesor, eterno enamorado, futbolista y padre de una chorrera de hijos que no se bajan de diez conocidos. Hoy, el profesor Valderrama transita por las calles de la ciudad de Bastidas montado en su bicicleta, nunca apetecida por los malandros de la ciudad; "ese muerto no lo cargo yo", dijo un cascarero parado en la esquina de la plaza de mercado a donde acude por las mañanas a realizar sus compras. Sus amigos de profesión, de barrio, de actividades futboleras, su abanico de enamoradas e incluso el Pibe, le reclaman con frecuencia que cambie de vehículo, pero no ha sido posible hacerlo desistir de tan extraña afición y permanente sentada.

A los once años Carlos Junior pasó a otra escuela. De manera consciente o inconsciente, los seres humanos van encontrando el sentido de la vida a diferentes ritmos: unos, muy temprano y otros, se mueren sin alcanzarlo. El mono travieso y aventurero se encierra en su cuarto con la curiosidad propia de todo niño.

Para qué querrá mi papá que yo asista a otra escuela si donde estoy me ha ido bien, será que los profesores le han puesto quejas o le han informado algo y él no me ha querido decir para no preocuparme o será que... Si le pregunto a mi mamá seguro me contesta: "esas son vainas de tu papá que quiere que estudies de todo, hazle caso que seguro es por tu bien".

Al rato de estar haciendo las tareas del día siguiente, la puerta de su cuarto se abrió con lentitud como si la soledad que le acompañaba en ese instante con gratitud quisiera ayudarle a descifrar para dónde lo iban a mandar; observó a su padre con una tímida alegría en su rostro y atento esperó sus palabras.

–Carlos Alberto, mañana por la tarde empieza la escuela de Caballito Atencio, así que vas alistando tus motetes– señaló Jaricho, cortante.

–¡Para qué ir a otra escuela, papá, si donde estoy me siento bien!– dijo compungido el mono.

Cerró la puerta de su cuarto y se metió debajo de la cama; su padre, con paciencia de pescador de esperanzas en luna llena, lo llevó hasta el patio y le explicó con sutil pedagogía que esa escuela era para aprender a jugar fútbol; que allí le enseñarían cómo hacer un pase, cómo tocar el balón haciendo una pared en movimiento, cómo pegarle con el empeine y el borde interno del pie, cómo se chanflea una bola y se le pega a una pelota muerta, cómo abrir la cancha y hacer cambios de frente, cómo hacer las paradas con el pecho, con la cabeza y con el muslo. Sentados debajo del frescor que repartían las palmeras del palo de coco sembrado en el centro del patio, Jaricho le dictaba una cátedra a su hijo de lo que él ya practicaba con rudeza y honor.

–¿Para qué esas clases si en el equipo de la calle aprendemos todo eso sin necesidad de profesor ni nada ? –ripostó Carlos Junior.

–Mira, el fútbol es una disciplina que necesita desarrollar habilidades y conceptos durante un proceso lento y complejo donde no basta correr y gritar detrás del balón, sino que, además, se requiere de una preparación en tres niveles fundamentales: uno en la parte de la preparación física, otro en la formación mental y, por último, es importante tener en cuenta una balanceada alimentación; el profesor Valderrama sacó todo su bagaje científico en la materia.

Allí empezó de manera organizada y técnica la vida futbolística de Carlos Alberto Valderrama Palacios. La escuela era dirigida por el propio José Francisco Atencio, un obrero del muelle de Santa Marta que en las noches y madrugadas arrumaba cajas de guineos para la United Fruit Company, la cual le alcanzó a secar el alma de sus huesos, y por las tardes entrenaba por placer a niños entre diez y doce años con el propósito de prolongar la tradición y gallardía de los jugadores samarios, a quienes cantó un viejo poeta de la región, Luis Aurelio Vergara Díaz Granados, en su himno olímpico:

"en pie... firmes, desnuda la testa
y los bíceps contractos, al sol
inflamemos el pecho en un canto
himno férreo a la vida de acción.

Juventud que la inercia no abate,
degenera o perece ... el honor de la
Patria reclama hombres fuertes
que al progreso den recia impulsión".

Caballito pareció comprender muy bien la intención del vate, ya que este espigado jugador, cuando representó los colores del departamento, se entregaba con sudor y sangre por el honor de su camiseta, muchas veces raída por haber sido utilizada de generación en generación; aquella era una época en que los jugadores cuando sufrían cualquier herida en la cabeza y aparecía una profusa manación de sangre se amarraban un trapo y seguían jugando con igual pasión. Fueron los tiempos de los primeros Arango: Carlos, jugador de Millonarios y Selección Colombia, Rafael y Rubén; del maestro Pérez, de Bolón Acosta, Alipio Ortiz, Víctor Lanao, Gabino Granados y otros.

Hacer parte de una Selección Magdalena, en aquellos días en que jugaba Carlos Alberto Valderrama, era un honor que costaba tanto que implicaba inhibirse de fumar, consumir cualquier tipo de licor y acostarse con el sueño de las gallinas; los entrenamientos eran intensos y en ellos la táctica no era lo predominante sino la preparación física, ser valiente y gallardo ante el contrario; llorar después de una derrota, lo cual se hacía ininterrumpidamente desde la cancha hasta la alcoba del jugador, no era sinónimo de debilidad sino un problema de vergüenza colectiva. Como dijo el jugador y escritor argelino Albert Camus en *El primer hombre* "después de todo, era por eso que quería tanto a mi equipo, no sólo por la alegría de la victoria, tan maravillosa cuando está combinada con la fatiga que sigue al esfuerzo, sino también por el estúpido deseo de llorar en las noches luego de cada derrota". Otra condición para ser miembro de cualquier Selección del departamento era la de haber jugado en la cancha de La Castellana, reconocida como el templo del fútbol magdalenés; allí se sabía quién era quién con el cuero, hasta los vendedores de guarapo o carimañola emitían con propiedad juicios certeros sobre el accionar y las posibilidades técnicas de cada jugador y equipo en contienda.

Las roscas, prebendas y amiguismos en la escogencia de los jugadores para integrar las selecciones de cualquier categoría en esa época fueron comportamientos extraños. Era tal la calidad y cantidad de jugadores que botaba esa cantera de estrellas que al mismo tiempo se podían conformar varias de ellas con similar estilo y prestancia. Los que más sufrían en ese trance eran los entrenadores porque no era nada fácil escoger jugador para cada posición cuando para la misma se presentaban más de una docena de muchachos. Recordamos entonces la existencia de las dinastías de los Granados, los Pérez, los Calero, los Arango, los Valderrama, los Palacios...

Rifando las playas de Taganga, los barcos ingleses anclados en el puerto, las estrellas que de noche iluminaban la cancha de Pescaíto y empeñando las joyas de fantasía de sus mujeres, se sostenían económicamente la Liga del Magdalena y sus equipos. Contó con dirigentes abnegados como Nel López Morales, un inspector de policía a quien se le volaban algunos presos de La Norte, inspección a su cargo, por estar viendo los picaos en Pescaíto, y quien utilizó el fútbol como el mejor método de resocialización de los internos, armando equipos por delitos cometidos y disminuyendo las penas por goles conseguidos y pénales detenidos; convirtió el reclusorio en un pequeño estadio de donde los que se alcanzaban a volar volvían pronto por su propia cuenta y riesgo a integrar el equipo de los "fugados arrepentidos" ya que afuera les tocaba jugar siempre en la banca de la vida.

El profesor Juan Maiguel de Osuna nunca durmió en las noches porque el tiempo no le alcanzaba para organizar el calendario de los partidos de los sábados y domingos, ya que eran tantos los equipos e insuficientes las canchas, que los cotejos había que jugarlos en el día, la noche y en las horas de la madrugada. Murió como mueren los maestros en este país: su sueldo lo invertía en el pago de los árbitros y la cosida de los balones y en sus momentos de agonía pidió que sus restos los enterraran en el centro de la cancha de La Castellana.

Aún con fortaleza y comiendo pescado sin parar, todos los días del mes camina por las calles llevando en sus hombros guayos, balones y calendarios, un hombre que conoció a todos y cada uno de los jugadores del Magdalena. Lleno de glorias, nostalgias y tristezas y que aún mantiene viva la esperanza de que, algún día, el fútbol del departamento renazca como el Ave Fénix. Con aleteos de fuego piensa Elías Henríquez Pardo cubrir los pies de las nuevas generaciones, para que vuelvan por los fueros de su viejo Scotland Junior, equipo de garra y toque, de camiseta color zapote y vivos azules, que un día vistió Carlos Alberto Junior.

Con pantalones ceñidos a sus nalgas, caminado de reina en pasarela y concibiendo el fútbol como una guacherna colectiva, Efraín Llanes, Pin, con más de medio siglo organizando piernipeludos, ha hecho que su pobreza y soledad sean mitigadas con los goles que sus humildes equipos Fargo, Avisos-Unión y otros le han aportado a los anales de la historia de La Castellana.

Otro artesano ayudó al intrépido hacedor de fantasías infantiles: el zapatero Carlos Campos, quien se dedicó a moldear los primeros casquillos, como se llamaron en aquella época a los zapatos de fútbol, cuyos tacos o tapones semejaban doce dientes caninos, para colocárselos a esos pies escamosos que venían de las arenosas calles de Pescaíto.

–No nos ganaba nadie– dijo una vez en su madurez Carlos Alberto, refiriéndose al equipo Independiente, con el cual quedó campeón invicto. Haciendo recuerdo de aquella etapa de su vida y reconociendo con gratitud, respeto y humildad a quienes realmente en su aldea le ayudaron a que sus piernas e inteligencia crecieran para gloria de su tierra natal y de todos los colombianos.

Carlos Alberto empieza a establecer nuevas relaciones con todo tipo de muchachos y, en el rodar con la pelota en los pies, en soportar los gritos de sus compañeros y en el regaño de su entrenador de turno, conoce a sus mejores amigos: Mandi, Guatité, Man, Chon, Julián y Miguel González Palacios, Gustavo Parada Bollega. Acompañado de sus hermanos Alan, Ronald y sus primos Didí y Yico, instituyó la generación de jugadores de la escuela de Carlos Alberto Valderrama, destacados algunos en el fútbol profesional y otros perdidos por los factores de descomposición de la sociedad; igualmente hicieron parte de las ya legendarias sagas samarias, en especial las de los Valderrama y los Palacios.

Estos últimos se dedicaron casi exclusivamente a los avatares del fútbol en sus diferentes manifestaciones, lo cual explica de manera clara cómo la fusión de los diversos genes de los dos clanes familiares irradiaron un arco iris de perlas negri-monas, como es el caso del Pibe y Didí, el uno mono y el otro negro, el primero hijo de Jaricho y el segundo del Toto.

Los Valderrama pintaron sus pieles mayoritariamente de negro, color de sus abuelos Pablo Valderrama y Luisa Maestre; de otro lado tuvieron influencias negroides, provenientes de su abuelo Julián Valderrama, organizador en mil novecientos cincuenta y uno de uno de los primeros y mejores equipos de Mazinga, llamado el Deportivo Puracé. Una de sus abuelas, doña Celedonia Llanes, una mujer trajinada en mil batallas de la vida, que sin conocer mayores letras, aleccionó a sus hijos y nietos en la escuela de las canas, alguna vez le dijo al niño al oído en sus noches de sabios consejos: "mijo, en la vida es mejor escuchar que hablar"; tal vez de allí aprendió Carlos Alberto Junior su forma de expresarse, lacónica pero significativa, a diferencia de la mayoría de sus paisanos, a quienes su cultura ha hecho hiperbólicos e inventores de anécdotas harto inverosímiles.

Los genes correlones, monos y ensortijados en la cabeza de los Palacios vienen del viejo Justo Pastor Palacios, vivo aún, con noventa años de edad, de ojos color verde pardo y cabello mono, padre de aquellas gloriosas estampas de la retaguardia del Unión Magdalena: Aurelio y Justo Palacios; el primero, gestor directo del único título profesional alcanzado a través de la historia del fútbol colombiano por el ciclón bananero. Aurelio Palacios, tío al cual Carlos Alberto escucha con atención por su aplomo y seriedad con la vida, fue quien, mediante un golazo épico en la capital de la salsa ante el arrollador y exquisito Deportivo Cali, le abrió las puertas al Unión para que, en Santa Marta, en el año mil novecientos sesenta y ocho, con un empate dos a dos sacado de la guapeza de los Samarios en el segundo tiempo con goles de Raúl Peñaranda y Moncho Rodríguez, colocara en su camiseta la primera y única estrella adornada de escamas y agallas.

Justo y Aurelio Palacios son hermanos de Juana Palacios, madre del Pibe. Altiva y hermosa mujer de un trato fresco y directo, con pigmentos de sol en su piel y ojos verdes de naturaleza, que las deidades marinas envidian cuando ella camina sobre las marquesinas nacaradas de las olas.

Dicen los chamanes de la región, en sus ratos de ocio, que, sin ningún esfuerzo, los Valderrama y los Palacios podrían conformar una selección de ensueño, con director técnico, cuerpo directivo, asistentes de campo y médico propios; llamarían al Loco Ortega para que les sirviera de Kinesiólogo y contarían fácilmente con una hinchada capaz de asistir día y noche a sus picaos. Ya se escuchan nombres en la región para dicho combinado, siendo el de mayor acogida el de la Selección Valdepal.

No obstante la primacía del color negro en la estirpe de los Valderrama Puche, hubo también un autogol como sucede siempre en cualquier arco que se respete: un hombre alto, mono, llamado José Agustín Puche entonces... Los Valderrama Puche son de un pueblo llamado Bonda. Este fue un caserío habitado por indígenas pacíficos llamados bondas o bondigüas, hermanos de tierra y sangre de los Arhuacos y los Taironas, que son protegidos por los ojos blancos y la piel de hielo de la Sierra Nevada de Santa Marta. Bonda fue un refugio de los negros esclavos traídos por los españoles en la época de la colonia, que se rebelaron de su dominación y encontraron allí un hábitat de solidaridad por parte de los indígenas que, además, les enseñaron a mitigar los látigos en sus espaldas y sus largas jornadas de trabajo, mambeando hojas de coca y componiendo cantos a la madre tierra que los vio nacer como salen los cangrejos de los huecos de la arena del mar o como brota alegre el oro negro de nuestros suelos.

Los Palacios Llanes tienen sus ancestros colgados en las mochilas de los juglares guajiros, que al ritmo del acordeón, la guacharaca y el tambor también le han dado identidad, alegría y gloria a Colombia con los cantos de Francisco el Hombre. Juana, Aurelio, Justo y otros hermanos son nativos de Santa Marta y se criaron en el barrio Pescaíto, específicamente en Cuatro Bocas, lugar donde vive gente humilde y honrada, cercada por delincuentes comunes.

Del cruce de los Valderrama y los Palacios, nació Carlos Alberto Valderrama Palacios, el inolvidable Pibe, carne y gloria de los colombianos, producto de la riqueza etnocultural de negros, blancos e indígenas.

No puede ni debe olvidarse que después de la euforia válida que produce un triunfo de la Selección Colombia con túneles de alegría de Rincón, con la flecha del pase-gol del Pibe o con una chilena con aleteos de colibrí de Asprilla, es necesario comprender que detrás de todo ello hay hombres de carne y hueso que ríen, lloran, aman y sufren como cualquier mortal; que no son seres sobrenaturales; que aciertan y se equivocan. El fútbol, como parte de nuestra cotidianidad, es cal y canto de un proceso cultural en evolución que debería servirnos para ubicar, reconocer, afianzar y crear estadios de identidad, para que más tarde no quebremos los vidrios de nuestro propio espejo, no nos arruguemos de nuestro pasado histórico, pero tampoco hagamos cantos de olés al chovinismo de pequeña provincia que reivindica a ultranza un color o raza. ¿Acaso podemos olvidar aquel instante de placer o delirio que nos produjo el

empate contra los rubios alemanes, los alardes injustificados y los consabidos héroes con pies de cera ?, ¿y quién no recuerda cuando fuimos eliminados en U.S.A. de mil novecientos noventa y cuatro, donde la irracionalidad de muchos cegó por completo toda posibilidad de sensatez y comprensión de lo ocurrido, sustituyendo la tolerancia por una parafernalia bélica?

El fútbol, como expresión cultural y parte de nuestra historia, no puede verse y sentirse sólo cuando el balón se sienta frente a la luna a peinar su cabellera rasgada y negri-mona en el arco contrario. Ni podemos convertir los estadios en campos minados de quiebra patas, y las rivalidades de los equipos y selecciones en batallas campales, donde se cambie el bello mundo de la pasión por la vocinglería irracional de algunas barras y periodistas que destruyen y agencian comportamientos extrafutbolísticos. No puede la xenofobia sacarles tarjeta roja a las bombas de alegría y a los globos de ilusiones que cada domingo corren detrás de la princesa de vestido blanco.

La pasión del fútbol debe llevarnos al éxtasis expresado por el poeta brasileño Vinicius de Moraes a propósito de su gloriosa Selección Brasil:

"Mi seleccionadito de oro... Goooool deeeel Braaaaaasil qué belleza, mayor belleza no hay ni puede haber, toda esta raza vibrando con una disnea colectiva ah qué vasoconstricción pero linda la sangre entrando verde por el ventrículo derecho y saliendo amarilla por el ventrículo izquierdo y fundiéndose en el cuerpo amoroso de pobres y ricos, enfermos de pasión por la patria y hasta de revolución social en marcha, se detiene por ver a Seu Mané... o si no a los profesores Nilton y Djalma Santos a los que hay que canonizar porque nunca piensan en sí únicamente, en Gilmar más solito que Cristo en el huerto en medio de ese rectángulo abstracto en cuyo torbellino se ocultaba el himen de la patria-niña que todos nosotros

tenemos que defender hasta la última
gota de nuestra sangre".

Cubierto de cal, como una gelatina de pata en una mesa de plaza, terminaba Caballito Atencio su labor de rayar la piel de las canchas del Eduardo Santos y La Castellana. En el cuarto donde vivía guardaba los balones, las mallas de las puertas y las bolsas de cal e hizo construir una ventana que le permitiera ver de frente la cancha de La Castellana y en sus instantes de moribundo veía correr la silueta del Pibe, metiéndole el freno al balón y pasando la pelota como en los tiempos de su escuela; los juegos de un caballito de mar caminando sobre los silencios de sus últimos suspiros ayudaron a cerrarle los ojos a Atencio.

Carlos Alberto, en sus momentos de lectura no obligada, e interesado en conocer más la vida de su padre y su tío el Toto, sacó de la biblioteca una revista del profesor Joaquín Zorro: *Momentos estelares del fútbol del Magdalena.* Este libro es de mi profesor de química, en esta hoja está mi papá:

"Jaricho Valderrama, toda su vida y desde muy temprana edad ha sido un incansable trabajador, vendedor de empanadas y arepas que Juana hacía para el sustento familiar. Además ayudaba en la pequeña tienda de la casa a vender la leche y el pan que desde tempranas horas de la mañana traía de la panadería LA MANO DE DIOS, de Titi Alarcón, ubicada en la calle del pozo; había una especie de pan llamado "cachón" que Jaricho solía llevar con frecuencia por ser el más barato, pero, para su desgracia, ello le sirvió para que sus amigos y enemigos de juego le gritaran en ausencia y presencia de Juana: ¡Jaricho cachón! Los primeros días más de uno tuvo que salir corriendo mientras Juana sólo guardaba silencio.

En mil novecientos sesenta y dos, fue campeón nacional con la Selección Magdalena, derrotando en Santa Marta al arriero equipo antioqueño al lado de importantes jugadores como: Quintín Quintero, el recién desaparecido Tronquito Hernández, Pipa Bracho, Tito Gómez, Mingo de León, Reyes Henríquez, el Cumbo Peña, pasando muchos de ellos, incluyendo a Jaricho, a las filas del Unión Magdalena. En mil novecientos sesenta y cinco, en el Romelio Martínez de Barranquilla, Jaricho repite la historia quedando en primer puesto en el torneo campeón de campeones con Pacho López en el arco, Peloto Manjarrez, la Saeta Piussi Sierra, El Bombardero Miguel Pérez; las campanas, la pólvora y los bomberos se tomaron a Santa Marta.

En mil novecientos sesenta y seis, integra la Selección Colombia que compitió para las eliminatorias del mundial de fútbol al lado de Hemeregildo Segrera, Toño Rada, Henry Toscano, Aurelio Palacios, Joaquín Pardo, Olinto Fonseca, en una selección eminentemente costeña bajo la dirección de Antonio Julio de la Hoz".

En Bonda, Jaricho y el Toto eran quienes hacían las bolas de trapo como forma de rebusque y diversión. Igual cosían los balones rotos de todos los equipos de la región que lloraban sábados y domingos de tantas patadas recibidas en sus espaldas; luego pasaban al cuarto de la pecueca, espacio reservado por todos los Valderrama para guardar sus herramientas de trabajo, los balones, los guayos, uniformes y medias que quedaban paradas al tirarlas al suelo; la pobre Juana sufría los fines de semana cuando a punta del manduco de lavar ropa y el jabón de bola, fregaba para sacarle el mugre y el nauseabundo olor a toda esa indumentaria deportiva.

El Toto Valderrama es, de todos ellos, quien mejor reúne los rasgos del negro y el indio de las dos familias: pelo negro liso, cara redonda, labios gruesos, bajito y acuerpado. "Oye, ché, dónde dejaste la flecha", le preguntó con sonrisa burlona un jugador argentino al momento de la presentación en la cancha de entrenamiento, cuando fue contratado por el Atlético Bucaramanga.

El Cebú, como también se le conoció por el aspecto de toro que tiene su rostro, por su fogaje futbolístico o tal vez por ser el mayor semental de los dos clanes que de tantos tiros al arco ha sumado hasta el momento veintitrés hijos con diecinueve mujeres, cuarenta y seis nietos y dos bisnietos y, como dice él mismo: "Apenas con sesenta y cuatro años de edad", señalando además que es falso ese adagio popular que dice: ". que el palo no está para hacer cucharas". El Toto salió corriendo cuando vio venir a su compadre Malaza Vargas, quien intuía de qué estaban hablando; para evitar ampliaciones innecesarias se despidió desde lejos: "y el rancho ardiendo, compadre, todo se sabe", le gritó Malaza desde la esquina de Lucho Correa.

La tranquilidad del Toto reside en saber que morirá en Bonda algún día, habiendo disfrutado todos los placeres de la vida, debajo de un palo de matarratón, viendo jugar a su extensa prole alrededor de él, sin las preocupaciones que tuvo el día de su muerte María del Rosario Castañeda y Montero, la mama grande de Macondo, porque al salir pensionado de la Electrificadora del Magdalena le dijeron que no había plata con qué pagarle ya que la empresa estaba en liquidación por el proceso de privatización y sólo le podían dar, en contraprestación, una moto destartalada que hoy día aún posee y que se le apaga cada ocho cuadras de recorrido.

Qué será eso de cachón que le gritaban a mi papá aquel día, no entiendo por qué salían corriendo, busqué en el diccionario y no aparece la palabra, será que tiene algo que ver con el diablo o tal vez...

–Mami, ¿por qué a mi papá le gritaban por la calle y en La Castellana, cachón?

–No le pares bolas a eso, mijo, que la gente molesta mucho, más bien sigue leyendo– contestó Juana, muerta de risa.

Al abrir nuevamente el libro, apareció una foto grande del tío Toto. Tenía una cinta blanca en el brazo izquierdo, y el número diez era tan grande que cubría toda su espalda. Algún locutor le preguntó una vez después de un partido bravo donde él fue el mejor de la cancha: "Toto, qué te pesa más, la camiseta o el diez". Contestó en forma seria: "ambas cosas, el diez es para los grandes y la camiseta del Unión para los que tienen..." el locutor apagó de inmediato el micrófono, intuyendo el resto.

Carlos Alberto cerró el libro ilusionado y con un mundo de inquietudes en su cabeza y, por supuesto, admirando mucho más a su tío.

El domingo juega el Unión contra Junior; le voy a decir a mi abuelito o a mi papá que me lleven al estadio, quiero ver si todo lo que dicen de mi tío es verdad.

Llegando al camerino del Unión, el Toto se adelantó porque iba un poco retrasado; Silvio Lizcano, el masajista, empezaba temprano los masajes y con él se demoraba mucho por lo grueso de sus piernas y porque en la mamadera de gallo y el nerviosismo que antecede a los partidos, él exigía que le masajeara todo. Jaricho, en el saludo con los aficionados, soltó al niño a sabiendas de que nada le pasaría porque todo el mundo lo conocía; una voz sonora y respetuosa lo tomó por el brazo y le preguntó.

–Ché, Petiso, ¿dónde está el Pibe? –preguntó extrañado Rubén el Turco Deybe, entrenador del Unión Magdalena, al no ver al niño.

Su padre miró a su alrededor y no lo encontró. Le preguntó al paletero, al vendedor de chuzos y mazorcas y a la señora que le fiaba las arepas y nadie le dio razón; buscó en los baños y tampoco lo halló, subió las graderías con el corazón en la mano, pero el tumulto le impidió caminar y ver normalmente; lo hizo llamar por los altavoces del estadio, su amigo Francisco

Campo Núñez, locutor deportivo, recomendó a quien lo encontrara, lo llevara hasta el camerino del Unión y se lo entregara al Toto, Jaricho o al Turco Deybe.

Su compadre Mingo De León, quien se encontraba discutiendo con una barra de Barranquilleros, le gritó desde su puesto.

–¿Compadre, ese no es el hijo suyo? Volteó y el pelao estaba en la mitad del campo con el balón del partido que su tío le había encargado y que el árbitro estaba solicitando, haciendo pinolas con las dos piernas, durmiendo la pelota en el nido de mariposas amarillas que ya se formaba en su cabeza, ante los ojos atónitos de los aficionados que, en un silencio de viernes santo, observaban aquel espectáculo de filigranas infantil.

A partir de ese instante para la historia del fútbol del Magdalena, de Colombia y el mundo entero, nació el apelativo de Pibe.

Un lunes de febrero, antes de las siete de la mañana, tomó su maletín repleto de miedos mezclados con espolones de expectativas, recibió la bendición de su madre y el acostumbrado "pórtese bien, mijito, y estudie con juicio".

Algunos compañeros del barrio le habían comentado lo exigente que era el Liceo Celedón en las tareas y la disciplina; de la misma manera le habían informado que los años más duros eran el primero y el quinto de bachillerato, quien pasaba esos cursos era bachiller liceísta, lo cual era muy honroso en la región.

Cortando camino al colegio, el paso por La Castellana era obligatorio y relajante, iba pensando cómo serían sus compañeros, en qué salón le tocaría, cómo era la cancha, si al lado le tocaría una muchacha bonita, si el papá también estaría encima de él. Pasando por el centro de la cancha le solicitó al padre que le tuviera un momento su maletín y con un trote lento y nostálgico le dio una vuelta por detrás de las puertas y luego, en un silencio infinito, se paró en el centro de la misma y abrazado en sí mismo le dijo: "no te voy a olvidar nunca, te quiero mucho y seguramente volveré, Castellana de mi amor".

Cantos le han surgido últimamente a este pedazo de tierra.

La Castellana
flotas inglesas anclaron sus mercancías
y hombres cargados de cansancio,
rodaron balones por los aleros del puerto,
sembraron semillas que con las alas del tiempo
germinaron en un pajar dorado.

Océano de jugadores Caribe:
El Sapo Mejía, Bolón Acosta, Tomás
Emiliano Mier,
Olímpicos de sangre salina, coraje y honor
aurora de inmediatas generaciones.

Entre cascajos, guayos sin rostros y sudor
rodeado del azul cristalino
de la afrodisíaca Taganga
se encuentra orgulloso Pescaíto
y un collar de perlas patizambas.

Cantera de sueños y nostalgias,
mujeres y hombres
desde el matinal aleteo de las garzas
ungüentan de ternura a sus piernipeludos
para que acaricien la piel del cuero
y en el acaecer de la tarde

las tijeras de la vida
no corten sus escaleras de ilusiones.

La Castellana
Emblema poético del fútbol;
el Pibe Valderrama
su gran metáfora.

Al llegar a la parte de atrás del mercado le dijo al papá que tenía ganas de orinar; éste último le insinuó donde hacerlo, igual lo reconvino: "esas cosas se hacen en la casa antes de salir, debes aprender a manejar tus esfínteres"; el muchacho siguió sin prestarle atención.

De repente sus temores se encontraron de frente al colegio, altivo y de un radiante color amarillo, erigido en columnas dóricas y con un balcón en la parte superior que servía para observarle los ojos al sol que bañaba de alegría al gigantesco árbol de carito u orejón, que irradiaba de noche y de día sombra y aire fresco. Muchachas y muchachos tímidos y ávidos de saber llegaban de todos los lados; la cantidad de carros en plena avenida lo obligó a hacer un alto en seco, llenarse de ánimo y decir adelante, como su padre, también primíparo como profesor en aquel plantel y quien cargando su respectivo y calculado nerviosismo, debía mostrar una actitud segura y positiva ante su hijo y el profesor Almenares, quien desde lejos lo miraba y, a su vez, ordenaba desde la escalera principal a los alumnos que pasaran al patio para recibir el discurso repetitivo que todos los años los rectores impartían cargados casi siempre más de amenazas que de alegría y saber.

Carlos Alberto, solo en la fila, sentía en su rostro las miradas acuciantes de los profesores que rondaban por los pasillos; antes de la presentación del prefecto de moral y disciplina, el tímido mono cruzaba con fuerza sus piernas y pedía a gritos un baño, el profesor Valderrama sabía perfectamente qué le estaba ocurriendo pero ...

Le tocó un puesto del lado de la ventana, su pequeño afro amonado y un ricito que le caía en la frente atrajo a más de una de las muchachas. Una mirada en especial sentía que lo acosaba; él miraba fijamente los contornos de sus líneas, las partes destapadas y las ondulaciones que tenía en el centro. Quería correr a abrazarla pero era imposible porque era hora de clase; ella le correspondía con ojos complacientes e ingenuos. Analizó los lugares donde, con ella, se producirían los máximos niveles de pasión y placer; fue su primera gran conquista en el liceo. Aspiraba poseerla, pero miró su horario y no le quedaba ningún espacio vacío, tocaron el timbre y entre la toma de la última parte de la tarea y la salida tumultuosa, se resignó a seguirla viendo.

Al día siguiente, después del descanso, acordamos en silencio que ése sería nuestro primer encuentro. Me salí de la fila corriendo y atropellando a varios compañeros con el ánimo de abrazarla, de acariciar su rostro medio agramado, de pisar la piel de la tierra y de mirar si los arcos eran diferentes a los de La Castellana, pero en ese instante llegó mi padre, quien ejercía de profesor de Educación Física, y me llamó con rudeza la atención delante de todo el mundo y empezó a llamar lista; después nos puso a dar diez vueltas al campo como forma de calentamiento acompañado de una hora de ejercicios. Yo lo que deseaba era hacer rodar el balón en la poca grama existente, patear al arco y hacer un gol en la puerta que daba a la ventana de mi curso, quería sentir la diferencia que existía al acariciar el balón entre la calvicie eterna de La Castellana y los ondulamientos de la cancha del Liceo. Terminó la clase y mis compañeros se inscribieron para diferentes deportes; la mayoría se metió en el equipo de fútbol a sabiendas de que se acercaban los intercolegiados. Yo hice lo mismo.

El profesor Yayo Villar me vio practicar y me vinculó a la selección del colegio. Jugamos contra el San Luis Beltrán y el Gimnasio Santa Marta y a ambos los goleamos; en ellos no había sangre para jugar, estaban conformados por muchachos llorones y llenos de miedo. Los que más o menos nos dieron guerra fueron los del Liceo Caribe y los del Hugo J. Bermúdez; allí se combinaban algunos muchachos de Pescaíto con otros del centro. Empecé a jugar de diez y a ser capitán de campo; Villar y mi padre estaban felices por mi rendimiento futbolístico.

El liceo volvió a quedar campeón y el rector Almenares estaba contento porque para eso había llevado a mi padre al colegio. Mis amigos me protegían y los profesores, a pesar de resaltar mis cualidades, igual me exigían académicamente. "Marco Fidel Suárez: Presidente de Colombia e insigne gramático" decía una placa color dorado; sentado en su estatua de mármol me miraba todos los días, y al pasar cerca de él me decía: "Las letras son muy importantes en la vida integral del hombre". Cuando asistí a la clase de Español con el profesor Otoniel Martínez, a quien le gustaba leer mucha poesía, le repetí esa frase y él la explicaba tan chévere que al salir del colegio yo le contaba que había hablado de él pero ni así pude sacarle una sonrisa.

Un día nos pillamos que el prefecto de disciplina estaba en el laboratorio de química observando a los estudiantes, que habían llevado unos sapos para estudiar la respiración y el tipo de sonidos que emitían esos animales; la clase se realizaba en completo orden. Un grupo de compañeros y yo nos fuimos a la cancha y cazamos unos ratones de una cueva que habían hecho. Los soltamos con mucho sigilo por debajo del mesón blanco, cerca de donde estaban las peladas. Cerramos con candado la puerta y salimos corriendo. Desde el salón nuestro oíamos los gritos y las caídas de las probetas y el insoportable olor a azufre que salía por las ventanas. Todas las clases de ese día se suspendieron y el profesor Zorro dirigió personalmente la investigación; quince compañeros fuimos suspendidos, con matrícula condicional, además.

Avergonzado y abatido llegó el profesor Valderrama a su casa; le prohibió a su hijo con voz de llanto todo tipo de juego; el Pibe, con la complicidad de su madre Juana, salía por las tardes a sus entrenamientos, ya no a la cancha del liceo sino a la de sus amores eternos.

Libia Cerrete, su primera novia, lo iba a visitar ayudándole a ponerse al día en sus cuadernos y tareas. Era una niña parecida a su piel, desbordante por sus dotes de gracilidad. Carlos Alberto, quien fue acosado en el liceo por un jardín de muchachas, se enamoró tanto de ella que con frecuencia asistía a su casa cuando su padre estaba ausente; confiado y en un momento de idilio profundo llegó el progenitor de aquella y sólo lo salvó su estado físico y la velocidad que había ganado en el equipo del colegio. Jamás volvió a pasar por esa casa, desarrollándose, de ahí en adelante, sus amores por los laberintos de Pescaíto.

Con todos sus hermanos, Bollega, Guatite y otros amigos de aventuras, se iban a pescar y a coger iguanas, uno de los primeros oficios que su abuela le enseñó. En la playita, una ensenada que había hecho el mar detrás de los cerros de San Martín, jugaban con una pelota de caucho que tenía grabada todas las letras del alfabeto Castellano y que se las dejaba ardientemente impresas en el empeine al pegarle con el pie desnudo; quizá fue esa una metodología de enseñarles a los muchachos las primeras letras, de acuerdo con lo que su padre y la pedagogía de la época entendieron como necesidad de revaluar aquella terrible máxima que decía: "la letra con sangre entra".

El tiempo libre, la imaginación y la aventura se conjugaban al mismo tiempo y en esa etapa fue el Pibe un alumno aplicado; asimilaba con rapidez las enseñanzas escolares y las experiencias vividas hicieron parte de su riqueza como ser.

Cuenta la tradición oral que en los caseríos de Mazinga, Bonda, Gaira, el barrio Bastidas y otros lugares aledaños existieron unas escuelas al aire libre con currículos abiertos, sin presencia de profesor alguno, donde jamás llamaban a lista ni se presentaban exámenes finales; tampoco se pagaba (salvo algunos casos reseñados) matrícula ni pensión durante todo el año, lo cual era un tremendo alivio para los padres de familia cuando la mayoría, incluyendo a Jaricho, tenían que pagar la escuela formal que no perdonaba los incumplimientos y devolvía sin contemplaciones a los muchachos. En aquel hábitat, generalmente, la entrada era libre, las actividades se desarrollaban bajo las notas melodiosas de los canarios y los chupaflores, a la sombra de los árboles y en medio del silencio sonoro de un río cercano que muchas veces era el pretexto que los muchachos se inventaban; el Pibe hizo de ese espacio un refugio juvenil.

Continúan informando desde la esquina de la oralidad de la región que era indiferente la edad, la posición de clase, el color o credo religioso para el ingreso y desarrollo de los estudios preliminares y la realización de las prácticas de campo; incluso estas últimas eran sin horarios determinados; el Pibe, en este sentido, no tuvo problema alguno porque, en la escuela tradicional, se caracterizó por ser un capador consuetudinario.

A este gimnasio campestre iba cuando, por iniciativa propia, impulsado por sus amigos o algunos de sus hermanos, se les ocurría jugar algunos picaos en los lugares mencionados, buscando el aprovechamiento del tiempo libre, haciendo ejercicios de zoofilia, algunas veces en cursos intensivos, y otras en niveles graduales. La mayoría de los estudiantes de la región, y el Pibe en particular, asumieron una cátedra por todo el año en una modalidad enteramente presencial que se llamó Sociedad-Burralogía y Cultura, que era materia requisito para optar el título de experto en el área.

Termina señalando la corriente oral que el Pibe se graduó con honores en la escuela "María Casquitos" con beca para otras latitudes; en la sala de la casa de los Valderrama aparece fotografiado con su respectivo ejemplar.

Regresó con sus cuadernos al día y todas las tareas hechas; los profesores le hicieron previas de todo lo que habían visto, lo cambiaron de la ventana de sus fantasías y lo colocaron en los puestos de adelante con todos los compañeros infractores; algunos profesores intentaron hacerle cortar el afro con el cual tenía aleladas a las peladas del colegio. Fue tal su respuesta académica que le devolvió el alma al cuerpo a su padre que caminaba con la cabeza entre las piernas y además vivió ausente por un tiempo de la sala de profesores.

Marco Fidel Suárez no presenció su glorioso retorno a las letras, porque sus ojos estaban embadurnados por las cagarrutas de las palomas.

Vivió sus diez y seis años con mucha humildad, pero con abundantes momentos felices. La línea del ferrocarril colindaba con el patio de su casa; agazapado con su grupo de amigos se repartían en lugares estratégicos y cuando el tren disminuía su velocidad para llegar a la estación, se montaban de manera intrépida y abrían las compuertas de los vagones, arrojando los racimos de guineos al borde de la carrilera para que las gentes del barrio y sus alrededores salvaran el sustento de varios días; él, por supuesto, alzaba sus racimos y los ordenaba debajo del palo de guanábana, donde residía un loro que una vez le dio un picotazo por estar mamándole gallo a la hora de la comida, le hizo una herida en la cara acompañada del respectivo regaño de Juana: "bien hecho para que no joda tanto".

La práctica del tren lo llenaba de emoción y gratitud. Lo hacía cada semana a las cinco de la tarde, que era la hora en que, como decía Escalona, se metía el diablo a Santa Marta. Al día siguiente, se reunía con su gallada, armado de nylon, anzuelos y carnada, y se iban para el muelle donde atracaban los barcos, convertido entonces en sitio turístico a donde acudían con curiosidad los turistas nacionales y extranjeros quienes, por divertimento, lanzaban al agua monedas, algunas de las cuales eran alcanzadas en el aire por ágiles muchachos en tiradas de arqueros mientras otras llegaban hasta el fondo del mar, lo cual implicaba sumergirse con mucha rapidez para que no fueran pilladas por sus amigos u otros pelaos que desde tempranas horas estaban dedicados a ese juego. Las idas al cine y muchas gaseosas y paletas hubieran sido imposibles sin las ganancias de este ingenuo pasatiempo.

El sol y el agua salada tostaban el cabello del Pibe a tal punto que en una de las jornadas de peluquería colectiva que solía hacer su tío el Toto los sábados, en la cuadra de su casa, fue amenazado con cortárselo ya que se parecía, según su abuela Clementina, a un "Cascarón de bollo". El Pibe, que siempre se quedaba de último, hizo un pique tal que todavía su tío, quien quería pelar la cabeza del mono con unas tijeras de palo, lo está esperando.

La pesca se realizaba en la punta del muelle, ya que allí era donde más picaban los peces, que al ver caer el anzuelo merodeaban con precaución la carnada propuesta, pero de todas maneras caían en medio del alboroto de los pelaos, quienes llevaban para sus casas una especie de trofeo donde iban ensartados jurelitos y cojinoas, que le servían al Pibe para que su madre le preparara pescado en salsa acompañado de un buen guiso y guineos verdes sancochaos, la cual ha sido su comida predilecta, que con tanta nostalgia añora en sus concentraciones y cuando está fuera del país.

De guineo verde o maduro y de pescado se han hecho todos los grandes futbolistas de Santa Marta y del Magdalena. El mar nunca le ha negado a nadie un pescado, sólo solicita paciencia y ganas para recibir sus frutos en largas jornadas de tirar y sacar el nylon o el chinchorro.

El histórico y fértil territorio de Macondo ha producido tanto guineo que la United Fruit Company enterraba los muertos de la huelga bananera en fosas comunes y embalaba al mismo tiempo los racimos en el mismo lugar para acabar con la resistencia de los huelguistas.

Para Carlos Alberto Junior, los años de mil novecientos sesenta y siete y mil novecientos sesenta y ocho pesaron grandemente en su vida como jugador por dos acontecimientos trascendentales. El primero ocurrido en la ciudad de Girardot, en un torneo denominado "Totogol-Dimayor"; en ese evento, donde los jugadores asistentes fueron muchachos aficionados en representación de los equipos profesionales del país, la Selección Magdalena quedó campeón nacional; asumió entonces la camiseta del Unión y contaba en sus filas con Raúl Peñaranda, uno de los verdugos del Deportivo Cali, y otros destacados jugadores como Justo Palacios, José del Carmen Arango, Eduardo Retat, Juan Cervantes, Pescaíto Calero, Cachule Daza, Jairo Bermúdez y otros deportistas que más tarde fueron adquiridos por varios clubes profesionales. En Santa Marta, este triunfo animó y le abrió el camino al fútbol magdalenés para que reviviera la época de las viejas glorias samarias; Carlos Alberto Junior escuchaba todos estos pormenores en la esquina de Piso Alto, donde se reunían futbolistas veteranos y noveles para comentar y discutir los partidos, como a elogiar a su tío Justo Palacios que gozaba del honor de ser uno de los futbolistas samarios que más duro y mejor le pegaba al balón, al que sus pies convirtieron en una bala de cañón, hiriendo de muerte la malla contraria.

Una leve brisa soplaba por la mañana de ese domingo, cuando el Pibe hacía apresurado sus tareas para irse por la tarde en la bicicleta Monark con su papá a ver el clásico del Unión contra el portentoso Deportivo Cali, equipo de miedo que diezmaba a cuanta escuadra se le pusiera al frente. Contaba con jugadores de la talla del inolvidable Oscar López, tal vez el mejor defensa central que ha tenido el país, por su calidad y decencia para tratar el cuero, jamás rifó una pelota ni salió expulsado en juego alguno; cerraba fila con él una cortina de gladiadores encabezada por el panadero Mario Sanclemente y Mario Escobar. En este segundo evento realizado en mil novecientos sesenta y ocho, el Cali venía de ganar el campeonato anterior de punta a punta, con una delantera compuesta por El Mago Loaiza, El Matador Jorge Gallego, Juan Carlos Lallana y el argentino Yudica, delantera que hacía llorar antes de los partidos a la defensa de los equipos contrarios; los jugadores adversarios averiguaban con suficiente tiempo cuándo les tocaba jugar con el azucarado equipo para inventarse con antelación enfermedades inexistentes y no soportar aquella aplanadora que llenaba de magia el balón.

Pero los bananeros, que ya lo habían vencido uno a cero en su propia cueva, sabían que con un empate lograrían alcanzar el trapo campeonil. No cabía una sola alma en el Estadio Eduardo Santos, las calles de Santa Marta estaban vacías, los hinchas se subieron hasta la cachucha del estadio de béisbol; los pocos árboles a su alrededor se doblaban con el peso de los aficionados pobres; crecía el calor y el Unión perdía en el segundo tiempo dos goles por cero. En Cali ya estaba preparada la rumba y anticipada la feria; Richie Ray sonaba en las casetas y las canecas de aguardiente se alistaban, cuando, como una exhalación, el puntero izquierdo Raúl Peñaranda y la brava persistencia del paraguayo Ramón el Moncho Rodríguez vencieron el arco custodiado por Rosendo Toledo, quien al tirarse a coger el balón del empate dos a dos, quedó colgado del palo horizontal negándose a bajar porque el Unión en ese momento parecía una tromba. Se había metido en la ciudad una especie de ciclón marino, sus habitantes cerraban asustados puertas y ventanas porque la brisa elevaba las construcciones como si fueran una especie de cometas alocadas, los cuadros y las vajillas dentro de las casas volaban por la intromisión del fenómeno diluvial por entre las claraboyas; lo único que sostenían en las manos los samarios agarrados a los postes de las calles era el radio donde el locutor Francisco Campo Núñez apenas le salía un hilillo de voz que decía: ¡Unión Campeón!, ¡el ciclón campeón! ¡el c-i-c-l-ó-n¡ cam, cam, ¡campeón!

Mientras Santa Marta enloquecía, el viejo Pancho Villegas, técnico del derrotado Deportivo Cali, taciturno, veía en el camerino la imagen de Raúl Peñaranda bamboleando insistentemente en su retina y se le ocurrió decirle a su asistente: "en el mundo hay dos cosas difíciles de encontrar: un puntero izquierdo y una auténtica democracia"; tomó el bus y no habló más hasta llegar a su casa.

Nuevamente, el Pibe se le perdió a Jaricho y se metió al campo a celebrar con los jugadores y a tratar de montarse al cuerpo de bomberos que mostraba a los jugadores como héroes de una batalla regional. Entre tanto, su padre en Paysandú, empolvado, no sabía responder por su hijo ante los reclamos airados de Juana, quien gozaba con preocupación; al rato llegó con el balón del partido autografiado por los jugadores del Cali y de la furia bananera.

Los avances de su escolaridad iban ligados de manera simultánea a los logros futbolísticos. Salido como los grandes de los intercolegiados, fue llamado a integrar varias selecciones de su departamento, pero la que lo colmó de gloria fue la que dirigió el técnico Reyes Henríquez. Ella se constituyó para él en un alto grado de responsabilidad al ser encargado de llevar la blonda de capitán de campo y por tener estampado en su espalda el número diez. Él y sus compañeros se alzaron campeones en el año de mil novecientos ochenta, en el torneo nacional juvenil "Copa Coca-Cola", donde otra vez Magdalena, con un seleccionado que parecía una sinfonía, venció al siempre aguerrido y técnico equipo antioqueño.

Desde ese momento empezó a observarse a nivel nacional la prestancia y la calidad de un joven muchacho mono, delgado, con medias caídas sobre los tobillos, con un estilo cansino, de contextura aparentemente débil pero acorazado por un espíritu guerrero que comenzaba a meter el balón por los callejones de soledad de los defensas contrarios y con tiros al arco que llevaban más ánimo de colocación que de fuerza.

Desde el Aeropuerto Simón Bolívar, el trofeo iba sentado sobre el afro amarillo del Pibe Valderrama, que convirtió con sus compañeros en carnaval su llegada; los niños gritaban ¡campeón!, ¡Magdalena campeón!; mujeres y hombres corrían en bicicletas; una caravana de automóviles y carros de mulas, seguían la bandera del departamento cogida de un asta improvisada que había colocado un aficionado al lado del cuerpo de bomberos, que con su sirena parecía anunciar el nacimiento de una estrella en el firmamento; fue considerado el mejor jugador del torneo. Los anales de la historia del fútbol magdalenés reseñan que desde mil novecientos ochenta, en cabeza del Pibe, hasta mil novecientos noventa y ocho, Magdalena no ha vuelto a ser campeón en ninguna categoría; más aun, los departamentos aledaños y de menor desarrollo futbolístico lo vencen sin pena ni gloria.

De esa pléyade de jugadores de mil novecientos ochenta, quienes aún tienen relativa vigencia en el fútbol colombiano son Zuleta y Gamero. El Pibe continúa liderando a la Selección Colombia siendo su alma y nervio, producto de su disciplina, cuido personal, del amor o sentido de pertenencia a su selección y su país, por representar con orgullo a su estirpe y a su Pescaíto del alma.

"Mi anhelo era así porque yo escuchaba que a los doctores les tenían mucha admiración y respeto. Quería ser médico para ayudar a las personas más necesitadas". Esta ilusión de un juvenil muchacho cuyos sueños oscilaban entre balones de pasión y una bata blanca y un fonendoscopio para diagnosticarles a los pelaos de Pescaíto y a los hijos de sus amigos enfermedades aún del siglo pasado. Jaricho fue visitado otra vez por la persistente duda de años atrás, no sabía aún en esa época, a la edad que a la sazón tenía su hijo, qué le iba a deparar el futuro; Juana, en su también mundo dubitativo, pugnaba porque su hijo hiciera una carrera pro-fesional, sabía lo importante que era el fútbol por lo destacados que fueron sus hermanos, esposo y otros familiares, pero...

En los múltiples coqueteos a sus compa-ñeras de estudio, utilizaba con voz disonante *El testamento* de Rafael Escalona, de acuerdo con las circunstancias y conveniencias en que se encontrara con su novia del momento; guardaba dentro de su maleta una grabadora prestada y en los recreos invitaba a su inmediata conquista a escuchar: "Oye morenita te vas a quedar muy sola porque anoche dijo el radio que abrieron el liceo y como es estudiante ya se va Escalona y como recuerdo te deja un paseo...". Fue un gentil joven enamorado que llevaba los fines de semana a Libia al Teatro Unión o al Variedades, de acuerdo con los ahorros de la semana escolar y a las monedas atrapadas en el mar; siempre se aseguraba al llegar a la casa de la enamorada de que su padre no estuviera cerca porque de lo contrario le tocaba hacer los cien metros planos en par segundos.

Solía introducir papelitos de amor en las mochilas de sus simpatizantes o lanzar avioncitos en plena clase con leyendas que decían: "El mar de tus ojos anega mi corazón de esperanzas", las turbinas de los aviones iban impresas de corazones goteando lágrimas de amor y en una de sus alas otro mensaje rezaba: "Siempre vuelo soñando que algún día seré el piloto de tus labios" en la nariz del avión le colocaba un rizo de su esplendorosa cabellera buscando perpetuar su imagen.

De los libros de literatura seleccionaba frases y poemas de amor. Cuentan sus amigas y enamoradas que no hacía mucho esfuerzo por agradarle a nadie; su natural cabellera, su aura de sencillez, su humildad y decencia abrumaron alguna vez a una chica en la avenida Campo Serrano cuando, después de un torrencial aguacero, en su corta oralidad le dijo: "mira como tus bellos pies de aroma de sirena han secado la avenida para que nos acerquemos los dos"; el cuerpo de la muchacha se reventó en su yin, apretado ante el asedio de aquellas palabras.

Un mundo de ilusiones y aventuras circularon entre los once y los veinte años por la mente del Pibe y fundamentalmente tres fueron las que coparon su tiempo: el fútbol, sus estudios y el amor. Pero su gran idilio fue la pelota; en el liceo cargaba en su maletín sus libros con un balón adentro que absorbía la mayoría de su pensamiento, sacaba tiempo también para sus amores con Libia, Margarita... . Fue tanto el pensar en el fútbol que una de sus profesoras del Liceo Celedón le repudió su actividad y a su futuro alguna vez le pronosticó: "No vas a servir pa ná, mejor vete a patear balón que es lo único que sabes hacer". Sin portar mucho sentido profético, la historia le dio la razón a dicha profesora porque, el Pibe, en su interior y su silencio, había tomado la decisión de no asistir a las clases normalmente, para corresponder a los entrenamientos en las canchas del querido Liceo Celedón, saltándose con frecuencia la puerta de hierro e inventándose a cada rato enfermedades para lo cual adquirió un formulario de órdenes médicas con firmas y sellos ficticios. Cuando él notaba que esa táctica estaba desgastada recurría a los buenos oficios y a múltiples detalles con Manuel, el portero, quien además era un simpatizante de su juego y desde días atrás había aceptado guardarle su maletín en su cuarto.

El tiempo de entrenamiento con la Selección Magdalena se cruzaba por lo regular con un bloque de química y física, materias que para él fueron un tremendo dolor de cabeza; las dictaban los profesores, el difunto Joaquín Zorro y Cantillo, respectivamente, amantes del fútbol, este último escritor concienzudo de la historia del fútbol del Magdalena. Ambos supieron diferenciar con claridad y profesionalismo la actividad futbolística de la académica; así mismo manejaron la relación de colegaje que les asistía con el profesor Valderrama, a quien le hicieron caer en cuenta de la crisis por la que atravesaba su hijo, quien no sólo tenía un rendimiento académico preocupante sino cuyo comportamiento se resentía seriamente por las ausencias injustificadas a las clases.

La depresión, la confusión y la duda atraparon de nuevo la conciencia del profesor Valderrama, quien no sabía qué hacer ante las maravillas que su hijo realizaba en las canchas, las deficiencias académicas y la consuetudinaria capadera de clase; no hallaba explicación porque él mismo solía dejarlo en los salones y estaba pendiente de que llegara temprano a la casa; por las noches, en los días de clase, lo veía hacer sus tareas, prestándole con frecuencia la ayuda necesaria en ese, ya traumático, quinto de bachillerato.

Juana leyó en el rostro de su esposo una especie de desazón y fisuras de indecisiones.

En el patio de la casa se quedó arreglando la bicicleta y preparando las clases para el día siguiente; el Pibe le preguntó si iban a ir al partido del Unión contra Millonarios y su padre le contestó que no, que más bien fuera solo o buscara la compañía de su abuelo.

Corrían con rapidez, como siempre lo hacen, los últimos meses del año y en especial los días del mes de noviembre. El profesor Valderrama dictaba sus clases con las mallas de su corazón taponadas y con la vergüenza encadenada a los tobillos, transitando por los pasillos del colegio, pujando para que su hijo hiciera un rápido cambio de frente, pisara el área de los salones con mayor frecuencia, goleara con buenas notas el tablero de calificaciones, para así poder gritar de emoción en los últimos segundos del partido.

Sacó de clase a su amigo y colega Yayo Villar, lo tomó del brazo y lo condujo hasta la cancha del plantel.

—Ajá, ¿cómo quieres que te conteste, como profesor, como amigo o como futbolista?– se le adelantó Yayo.

–Creo que como los tres– contestó Jaricho.

–El pelao, si hace un gran esfuerzo, en este último período, es posible que se recupere, pero hasta donde tengo entendido tiene una cerca de faltas a clase que le han ameritado múltiples tarjetas rojas– acotó Yayo.

–Lo que yo siento y veo es que el pelao duerme, sueña y se levanta con el balón en los pies, habla dormido diciendo que se quiere parecer a Alfredo Arango y a Jairo Arboleda que... sinceramente no sé qué hacer– dijo Jaricho.

–¿Tú por qué no hablas con él? En forma risueña se despidió Villar.

Se devolvieron para sus respectivas aulas y no encontraron a sus alumnos, el tiempo no respetó la angustia de los dos.

El profesor Valderrama no alcanzó a recibir el boletín de su hijo por estar entregando al mismo tiempo los suyos donde era director de curso; le correspondió a Carlos Alberto asumir solo ese instante de nerviosismo y temor, acompañado de leves sentimientos de culpa.

Embalado en su bicicleta atravesó calles, semáforos y esquinas sin parar, llegó bañado en sudor, entró con la misma hasta el comedor donde se encontraban sus hijos, quienes ya le habían aconsejado a su hermano meterse en el cuarto de la pecueca y esconderse entre el mundo de balones que había allí porque seguramente su padre no le iba a perdonar la pérdida del año; comprendió en el rostro silente de sus hijos lo que había sucedido, Juana lo remató "más se perdió en la guerra y sin embargo aquí estamos".

Al día siguiente Carlos Alberto salió del cuarto quitándose la maraña de balones que lo protegieron y declaró por la emisora del colegio estar apenado con todo el mundo, y afirmó a propósito del fútbol que: "cuando uno se mete en este cuento debe entrenar duro, sacrificar muchas cosas para lograr hacer algo en este mundo".

–Te lo dije, Yayo, ese pelao no sirve pa ná– dijo sonriente la profesora Omaira Herrera. Al profesor Valderrama, que iba detrás de Villar, la sangre se le subió como lava de volcán en erupción.

–Esperemos, el mundo da muchas vueltas– contestó Villar.

En mil novecientos ochenta, después de muchos esfuerzos y dedicación, tanto al fútbol como al estudio, a la edad de veinte años, Carlos Alberto Valderrama se graduó de bachiller en el propio Liceo Celedón, de donde salieron también su padre, Didí y otros hermanos. "Realizamos una rumba como para no olvidar, hubo pachanga a lo bueno, porque la gente del barrio estaba contenta porque nos graduamos varios que vivíamos en esa comunidad. Se hizo sancocho, los traguitos y chao".

La salsa y el vallenato han sido los ritmos predilectos del Pibe, en especial la primera, música que ha hecho explotar de alegría el sentir caribe del jugador colombiano; el Gran Combo de Puerto Rico y Richie Ray entraban con facilidad por el puerto de Santa Marta venidos de Miami y New York, cuando La Fania All Stars estaba en la cúspide de su sabor.

Donde el cultor de la salsa Manuel Bermúdez y su popular Mojón de Oro, lugar donde sólo se escuchaba salsa brava y boleros de la vieja guardia, el Pibe se deleitaba en forma sana con sus hermanos y amigos, escuchando a Joe Cuba, Jhonny Pacheco, Joe Quijano, La

Sonora Matancera, al Bigote que canta, Daniel Santos, al de película Rolando Laserie y los conquistadores de amores Orlando Contreras y Armando Manzanero, solicitados cuando le daba la llorona y se llenaba de arrebatos de amor. Fue un bailador discreto en relación con Alan, uno de sus hermanos, quien bailaba una descarga sin salirse de una baldosa como los grandes bailadores de salsa. Ricardo Ray con la voz de Boby Cruz lo sedujo con una melodía que se llamó *Abriendo surcos*, tal vez por las ansias que tenía de progresar en la vida.

Su padre, preocupado por los ímpetus normales de sus hijos por estar de rumba en rumba los fines de semana y épocas de carnaval, cuando Alfredo Gutiérrez, Alejo Durán, El Binomio de Oro, Diomedes Díaz y Los Zuleta prendían las casetas y barrios con sus sones y puyas y ante la inseguridad reinante en Pescaíto, impulsó la creación de un espacio propio, un bailadero que se llamó Paysandú, con el fin de tener a sus hijos bajo el dominio de sus ojos y evitarle cualquier tragedia y descomposición.

Paysandú es una ciudad uruguaya en donde, sostiene Jaricho, nació como jugador de fútbol, el otro Pibe, Maradona. Desaparecido el Mojón de Oro, Paysandú se convirtió en el bailadero popular más importante de todo el barrio, a donde concurren pobladores de otros sectores de la ciudad a bailar champeta, salsa y vallenato bajo la atención directa de Carlos Valderrama, el viejo.

Nació ese espacio cultural como necesidad de encuentro de la gente común, de los jugadores de fútbol y otros deportistas del barrio. Hoy día, el Pibe continúa practicando solo con la música de su admirado Cuco Valoy, al son de "nació varón", buscando que sus admiradoras no lo vayan a colocar fuera de lugar.

—Juana, ese hijo tuyo se está volviendo loco; en la madrugada le escucho decir: "Yo tengo que ponerme algún día la roja y azul del Unión. Voy a entrenar más duro de ahora en adelante para ser como Alfredo Arango, me gusta como luce ese diez en su espalda; parece la caída de un pelícano al mar cuando va a atrapar un pescado, la bola parece enamorada de sus guayos, corre atada a su piel, la acaricia, no la hace llorar, ella se ríe cuando hace un túnel, cuando para a la princesa de vestido blanco en el muelle de su pecho, allí se queda dormida como cuando un niño degusta a mitad de ojo la leche de su madre".

—No sé, últimamente lo he notado muy pensativo, se encierra en su cuarto y no dice nada, ahí pegó un afiche de Jairo Arboleda y otro de Alfredo Arango, ahora se la pasa escuchando a Leo Dann y a Leonardo Favio, parece que...

—¿Qué dices?

—¿Será que la novia...?

—Te repito que no sé, tú eres hombre, habla con él, tú no dices que ustedes son como amigos, sácale y me cuentas.

En mil novecientos ochenta y uno, en un encuentro en Bogotá, jugó su primer partido como profesional de fútbol, contra Independiente Santafé; corrían los últimos quince minutos cuando se levantó del banco una mona cabellera que a partir de sus desplazamientos, toques y paradas del balón empezó a demostrar que tenía madera para jugar el fútbol.

Los locutores en su miopía jamás hicieron alusión en sus comentarios a la contundente aunque fugaz presencia de aquella liviana gacela amarilla. "Perfecto Rodríguez me dio la oportunidad en un partido en Bogotá frente a Santafé. Sólo jugué quince minutos pero esa vez sentí que ya era jugador profesional". Perfecto fue su primer entrenador y protector en el fútbol profesional, entre sus afectos y reconocimientos están él y Francisco Maturana.

Adiós a los libros. La decisión de dedicarse al fútbol la tomó abrogado de la plena convicción de que eso era lo que le gustaba y lo que mejor sabía hacer en la vida; el ser profesional de fútbol requería de tanta disciplina, talento y organización como cualquier otra rama del saber. Sus primeros días en el profesionalismo con el Unión Magdalena fueron también de la mano de los preliminares sufrimientos que genera estar en la banca de suplentes: "Yo quería ser titular. Nunca me he acostumbrado a ser suplente", señaló una vez en momentos de disgusto emocional. De todas formas sus sueños empezaron a cumplirse a pesar de su corta edad; pudieron más sus deseos de triunfar, la constancia con el balón y la paciencia misma; reconoció en sus procesos autoreflexivos: "Ese día fue grandioso, porque estaban las figuras que yo admiraba; además, se me hacía realidad un anhelo que tenía desde pequeño. De ahí en adelante tuve mucha libertad en la cancha, de hacer lo que sintiera en ese momento. Me acuerdo que me corregían el cabezazo, que me preparara mejor físicamente, porque yo estaba algo delgado".

Terminado el partido recibió el respaldo de sus compañeros y el visto bueno de su entrenador Perfecto Rodríguez, quien con un olfato agudo sabía que en él había un diamante en bruto; requería más trabajo de pesas en el gimnasio para fortalecer su biotipo, porque lo demás lo tenía regado en su cuerpo y mente. Desde que inició su vida profesional le descubrieron también sus debilidades: mal cabeceador, poca capacidad física para recorrer la cancha los noventa minutos, un fosforito en su temperamento y la patada a la puerta parecía un "chorrito de meao", como le dijo un día su padre cuando fue entrenador de él en el Liceo. Como siempre acató con respeto las recomendaciones hechas por sus iniciales tutores.

Tres años estuvo vinculado con el Unión, donde el técnico que reemplazó a Perfecto Rodríguez no le dio la continuidad necesaria; pero en el tiempo que jugó demostró disciplina, táctica y ser un jugador hábil, dotado con mucho temperamento futbolístico. Generó múltiples seguimientos de varios equipos profesionales y un sinnúmero de simpatías femeninas.

–Señor Valderrama, bajo la gravedad del juramento, sírvase informarle al despacho si es cierto o no que usted le pegó al Agente Martínez una trompada en el rostro– preguntó el secretario del juzgado.

–Sí, le pegué.

–Señor Valderrama, puede usted ampliarle a este despacho cómo ocurrieron los hechos.

–Siendo las siete de la noche, más o menos, nos encontrábamos un grupo de jugadores del Unión Magdalena y unos amigos conversando sobre fútbol en la tienda Piso Alto del señor Pacho Caballero, cuando llegó una patrulla de la policía, nos practicó una requisa y a renglón seguido nos pidieron les mostráramos nuestra respectiva cédula de ciudadanía. Yo me encontraba en tenis, una bermuda y una camiseta donde portaba mi billetera; al sacar el documento, tal vez por el nerviosismo, éste se me cayó involuntariamente; el señor agente arremetió contra mí pegándome un cachetada sin haber incurrido en ese momento en falta alguna contra la autoridad. Reaccioné con una trompada de manera instintiva al sentir sus dedos ardientemente incrustados en mi cara, lo que considero un acto de legítima defensa, porque no había derecho para que a un ciudadano decente, honrado y profesional del fútbol que no ha cometido ningún delito se le ultrajara de esa manera, violándome arbitrariamente el derecho a mi integridad física y personal.

—Sírvase informarle al despacho, si usted tenía en el momento del golpe una manopla.

—No señor, solo le pegué con la furia de mi disgusto.

—Diga si es cierto o no, que usted emprendió la fuga llevándose una bolsa de pan que había en el mostrador.

—Sí me gusta mucho el pan; pero en ese momento sólo se me ocurrió correr, correr y correr más rápido que la brisa loca que soplaba en esos momentos, cuando vi levantarse de un bulto de papa una sombra verde que buscaba algo en su cintura ayudado por un grupo de patrulleros que les daban bolillo a mis compañeros, que igual se defendían de la agresión.

—Sírvase informar cuántos policías salieron a perseguirlo.

—Lo único que recuerdo es que no podía dejarme coger, porque al día siguiente tenía entrenamiento a las siete de la mañana, escuchaba un coro de voces de perros en mi espalda que gritaban, por la carrera sexta, ¡cójanlo!, ¡cójanlo!

—Es cierto, sí o no, que usted iba montado en una motocicleta.

—Sí, la de mis pies.

—Precísele al despacho cómo fue capturado.

—Los policías quedaron rezagados apoyándose en las paredes de las casas y un señor desprevenido, al escuchar los gritos, sin reconocerme, y creyendo que era un ladrón me hizo una zancadilla y caí entregándome a la policía; desde ese momento hasta que llegué a la Estación los golpes que me dieron se sintieron tan fuerte al exterior de la tanqueta que la gente que iba por la calle creía que la policía había contratado una tambora para amenizar alguna fiesta.

–¿Desea ampliar algo?

–Sí, señor, no soy un delincuente.

"Arbolito de Navidad que siempre florece los veinticuatro", escuchaba en soledad con los barrotes, quienes me miraban buscando compartir la alegría de la calle en aquel calabozo donde viví abrazado a mi silencio y preguntándole a mi conciencia si había derecho a estar allí porque a un hombre igual que yo, embestido de una cierta autoridad, le dio por agredirme, y en razón de qué tenía que soportar sin reacción y defensa la agresión a mi integridad. Más aun, qué derecho les asistía a aquellos policías que me sometieron para cortarme el cabello, como si ello tuviera algo que ver con lo ocurrido; cuando veía caer al piso mis churcos amarillos como hojas secas en primavera sentía que mi piel se desprendía también de mi cuerpo. Me juntaron con delincuentes de todas las calañas, algunos policías me conocían como jugador de fútbol e intervinieron para que fuera trasladado para la enfermería; allí el suplicio se aminoró un poco, pero la angustia continuó en mí. Creí que nunca iba a salir de esa pocilga donde los derechos de los presos eran pisoteados; por segundos pensé que se acabaría mi carrera deportiva, pero con el apoyo de mis padres, amigos, hermanos y mi novia logré mantener mi conciencia y ánimo. Esa noche en que los cohetes, la música y los abrazos llenaban de alegría a la vida me acordé cuando era pelao y me pillé a mi papá colocándome los juguetes debajo de la cama estando yo pendiente y con la curiosidad abierta a la imaginación de si era mamá o él; me volteé para la pared y él, con pisadas de algodón, me arropó con la ternura de su sonrisa.

Cómo será eso del Consejo de Guerra, si esa noche no hubo tiros ni muerto alguno para que la policía o los jueces piensen que allí hubo una guerra, cuando le pregunté a mi papá si el treinta y uno de diciembre también lo iba a pasar allí, sólo me contestó con un silencio de aquí al morro de la bahía. Mi mamá me llevó de cena un sofrito de pescado con guineos verdes sancochaos y una jarra de agua de panela con limón; mis amigos, desde la calle, con cauchera me lanzaban tarjetas y mensajes de año nuevo,

de los cuales recuerdo uno en especial: "sólo la justicia de tu conciencia te dará la libertad".

Todos estos regalos serán para: Mano de Seda, Roba Radio, Mentira Fresca, Pelo e' Burra, este balón será para seguir haciendo fútbol la otra semana, cuando empieza el campeonato interno, buscaré que mi equipo quede campeón y espero que se tenga en cuenta el curso de alfabetización que dicté, para que me rebajen la pena.

Me condenaron a cincuenta días. Fue otra lección más que me dio la vida, debí alzar la cabeza y seguir para delante, aprendí a no volverle a pegar a un policía ni siquiera en un partido de banquitas.

Cómo recuerdo en estos momentos aquellas clases de literatura española cuando el profesor Otoniel Martínez declamaba poemas de un señor que se llamaba Miguel Hernández, había uno que decía:

Cárceles

las cárceles se arrastran por la humedad del mundo,

van por la tenebrosa vía de los juzgados:
buscan a un hombre, buscan a un pueblo, lo
persiguen.
Lo absorben, se lo tragan.

Cómo era que decía la otra estrofa, no me
acuerdo bien, creo que era así:

"Cierra las puertas, hecha la aldaba,
carcelero.
Ata duro a ese hombre: no le atarás el alma.
Son muchas llaves, muchos cerrojos,
injusticias:
no le atarás el alma.

Al dejar la puerta de la cárcel se paró en
la mitad de la calle y lanzó el balón para el
campo del penal, para que los presos golearan
de esperanzas sus penas.

"Faltan cinco pa' las doce el año va terminar, me voy corriendo a mi casa a abrazar a mi
mamá", chao, nos dijo Guatité, en ese exacto
momento cuando estaba toda mi gente en la
puerta de la casa despidiendo el año y él volaba
por el lomo del viento en una moto Ninja, con

el ánimo de estrellarse de alegría con los suyos que ya habían empezado a extrañarlo.

Comepán, Gustavo Parada y Bollega venían corriendo en dirección a mi casa; me alegré tanto porque creí que íbamos a continuar la parranda, pero su llanto se extendió hasta cuando nos sentamos mientras la música continuaba su ritmo; uno de ellos solicitó se apagara el equipo de sonido y mascullando nos dijo a toda la familia que Guatité se había accidentado en la moto.

En el mes de diciembre se vuelve nostálgico el espíritu del Pibe; el carcelazo y la muerte de Guatité permanecen indelebles en los aposentos de su corazón. "Era mi llave, lo llevaba en el corazón. Se la pasaba diciéndome que yo iba a ser un gran futbolista. Eso me emocionaba porque sabía que él lo decía con sinceridad. Hace mucho tiempo de eso, pero aún no logro olvidar esa noche. He tenido muchos amigos pero el fue mi amigo, amigo".

—Me vendes una gaseosa, por favor.
—¿De qué la quieres?
—De la que tus manos de rosa escojan.

—¿Cómo?

—¿Cuál es tu nombre?

—Son cien pesos y no moleste que tengo mucho trabajo.

En la tienda de las Guajiras salieron volando unos rizos amarillos que el ventilador del techo regó en el mostrador de madera, no fueron recogidos en toda la noche.

—Buenas tardes, me haces un favor, me vendes un pan y una gaseosa

—¿Y sí te alcanza para pagar todo eso?

—Hasta para comprar la luz de tus ojos, ¿dime cómo te llamas?

—Claribet Galván

—¿Y tú?

—Carlos Valderrama

Varias noches me senté en una de las bancas del parque que daba al frente donde ella despachaba; desde la primera noche me gustó mucho el color canela de su piel, sus ojos negros que combinaban con su dentadura blanca. Era una mujer bonita, parecía una princesa guajira; una vez, antes que cerrara la tienda, tenía muchas ganas de despedirme muy cerca de su silueta morena cuando vi caer, de uno de los árboles que adornaban la entrada de la tienda, una almendra, la levanté y le dije: "toma para que duermas esta noche con el fruto de mi corazón"; con dulzura me dio su mano y me dijo hasta mañana.

–Considero que por respeto a sus padres ustedes deberían informarles de este sagrado acto.

–Padre, no se preocupe, déjenos manejar esto a nosotros, a su debido tiempo lo sabrán.

Al mes siguiente mis padres, en su infinita complacencia, nos aceptaron en su nido; con los vientos de la primavera la felicidad se extendió cuando la especie se multiplicó con la presencia de Alan Ronald y Kenny Sami.

Claribet desconocía en nuestros alunados escarceos de amor que yo era jugador del Unión Magdalena; igual, se había constituído, en los momentos de triunfos y de derrotas, en el apoyo que se reproduce con la sabiduría de su raza, en el amor que tantas veces necesitaba para vencer la portería de mi soledad.

El matrimonio le hace ganar mayor tranquilidad y equilibrio en su vida; con Claribet discute y proyecta su futuro; llevaba tres años en el Unión Magdalena, cuando fue vendido al club Los Millonarios por un valor de diez millones de pesos en mil novecientos ochenta y cuatro; con veintidós años, cargando en su maleta más nostalgia que ropa para el frío, quería cambiar el perfume que contenía el frasco de María Farina por todo el mar de Santa Marta y hacer alrededor del Barrio Sears de Bogotá una playita donde escuchar el rumor de las olas y donde descansar. En Millonarios, equipo al cual llegó cubierto de expectativas, con estrellas de todos los colores, y dotado de las condiciones materiales necesarias para surgir, pasó a ser parte del cuadro de jugadores anónimos; no obstante habérsele brindado todas las oportunidades, tales como haber tenido la camiseta azul por algún tiempo, desfalleció; tal vez el cambio del sancocho de pescado por el amarillo blanquecino del ajiaco santafereño hicieron mella en su carga calórica y potencia física, pasó tan desapercibido que "nadie, siquiera, me pedía un autógrafo".

En las esquinas y emisoras de Santa Marta, los domingos por la noche, en los noticieros deportivos, después de escuchar la reseña del Unión Magdalena, los aficionados esperaban para saber si había jugado el Pibe, "se lo tragó la selva de cemento o tal vez la soledad e indiferencia de..." señalaba entristecido un locutor de Radio Galeón.

El mismo locutor, que cada domingo hacía alguna acotación al ostracismo del Pibe, fue enviado especialmente a Bogotá a localizarlo y lo encontró en una venta de empanadas y arepa de huevo cerca al Campín y le preguntó: "¿Por qué tanto tiempo sin jugar?", "¿Qué es lo que pasaba realmente en Millonarios?", "¿Cómo es su relación con el director técnico?". Apresuró su apetitosa porción y contestó: "Fracasé. No pude jugar bien. Y no culpo a nadie. No puedo decir que me hacía falta Santa Marta, porque yo soy un profesional y donde me paguen bien, juego; no puedo decir tampoco que me negaron oportunidades o que el técnico no me dio continuidad. Oportunidades tuve, como tuve la confianza del técnico Jorge Luis Pinto, quien ya me conocía desde la época en que él estuvo trabajando para el Unión Magdalena en Santa Marta; simplemente no rendí. No pude jugar bien porque pasaba por ese momento bajo por el que pasan todos los jugadores. Entró por mí Peluffo y él se ganó la titular. No tengo reproches que hacer. Inclusive, el Caimán Sánchez me llevó a la selección por algún tiempo. Jugué dos partidos de preparación en Ibagué y Cartago, y después no volví a ser llamado, me imagino que por no ser titular en mi equipo. Jugador que no está actuando desaparece".

Valderrama se devolvió para su tierra atropellado por mil sentimientos de culpa y bajo el síndrome de haber defraudado a sus padres, amigos e hinchas, se encerró solo a practicar en el cuarto de la pecueca. Allí se le acercó Jaricho, lo abrazó y empezó a contarle cómo a él también le había pasado lo mismo en varias ocasiones, ante el largo tiempo de encierro Juana y Claribet los encontraron abrazados llorando en posición de réplicas de Budas.

En mil novecientos ochenta y cinco, como un cóndor herido, voló del cuarto de la pecueca a los cañaduzales del Pascual Guerrero de Cali, recomendado por su paisano Eduardo Julián Retat. Volvió a la salsa del toque y la pared fina, a la elaboración del pase preciso en el área de la muerte; comprendió que esa oportunidad de jugar en un equipo de la talla del Cali no la volvía a tener en su vida. Popovic le entregó las llaves del medio campo para que con Redín derrumbaran cualquier muralla de los equipos contrarios. El mono y el negro, ese dúo de fantasía, no sólo constituyeron una llave inolvidable en su equipo, sino que extendieron su sinfonía a la Selección Colombia, siendo los mejores volantes de creación que ha dado el fútbol colombiano en su historia; era tanta su elegancia y dulzura con el balón, que al terminar los partidos éste corría detrás de sus pies buscando sentir las caricias de esos botines negri-monos.

Igual, ese brinconeo de pieles en las canchas verdes de los estadios constituían, a los ojos de los espectadores, un combinado natural de imágenes cadenciosas parecidas a una gacela arisca con cabellos ensortijados y un corcel negro, con galopes de caballo de paso.

"Bernardo ha sido mi mejor socio dentro y fuera de la cancha. No he encontrado a nadie, pero a nadie como él para tocar el balón. Con él teníamos el mismo idioma futbolístico, entrenábamos juntos, jugábamos a un toque, dos toques, nos comprendíamos maravillosamente. Redín es mejor que yo. Lo que pasa es que a él le faltó suerte, nada más".

Fueron tres años largos de permanencia en el Cali; cumplió con creces su sueños juveniles, de ser imagen y semejanza de uno de sus grandes ídolos: Jairo Arboleda, quien una vez, terminado un clásico entre el Cali y el América, donde el Pibe los mató con dos goles de antología, bajó al camerino y le entregó sus últimos guayos para sentir desde su casa, cada domingo, las hermosuras que inventaba con sus pies de seda.

Su paso por el Deportivo Cali se constituyó en el momento de mayor nivel futbolístico y la palanca que lo catapultó al fútbol suramericano y posteriormente al europeo.

En mil novecientos ochenta y siete, jugando la Copa América en Argentina, se erigió en el mejor de los mejores del continente americano; llevado de la mano de Francisco Maturana comenzó una escuela de sueños en el fútbol colombiano a nivel de selección de mayores. Al recibir el premio expresó: "cuando me lo entregaron ahí mismo pensé en mis padres. Individualmente ha sido un premio importante en mi carrera y que me sirvió para trabajar más y tener más responsabilidad con los que confiaban en mí".

Ese reconocimiento que ha hecho siempre de su padre demuestra la gran influencia de éste en Carlos Alberto y la gratitud que lo caracteriza como una de sus mayores virtudes. El psicoanálisis ha dado cuenta de este fenómeno diciendo a través de Gabriel Estrada y Darío Muñetón: "el deportista se torna un modelo por seguir, se vuelve un héroe que trata de superar "al padre", al que marca, a aquel que llega a ciertos límites; así el hijo, cuando lo supera, se hace extensión de ese padre, lo reconoce y lo realiza imaginariamente".

Los chés, en el Monumental de Núñez, aceptaron con orgullo y razón que Carlos Valderrama llevara el apelativo de Pibe; la crónica señaló: "En el monumental había magia. Fútbol pintado de casaca amarilla y densa melena rubia. Flaquito, medias caídas, algo chueco, brazos sueltos, pinta extraña, brillante con la pelota en los pies, espléndida su muestra futbolística. Carlos Valderrama sabe lo que debe saber un número diez y escribe la historia de un ... el segundo gol, su pase una perla".

La poesía colombiana le cantó a propósito de ese hito futbolístico.

La Cima de América
En la cuna arenosa de La Castellana
entre el olor a pargo rojo y sol caribe,
Jaricho y el Toto Valderrama
con sus pies de cristal,
tejieron como vieja bordadora
túneles con ventanas,
para verle la intimidad a la luna,
en sus devaneos con las estrellas,
Chilenas con vuelos de gaviotas
y goles con cantos de sirenas en sus caderas

En la cima de Pescaíto,
hay un espejo monumental:
Didí,
el Pibe,
Yico,
Alan,

y Ronald,
siluetas negri-monas con sangre de balón.

La ensortijada inteligencia
a diferencia de Colón,
conquistó a América
con la espada del pase-gol.

Maradona y Pelé
al igual que Valderrama
con la cabeza y los pies,
endulzaron al mundo
con la número diez.

¡Bienvenue bon homme!, *¡vous étes grand!*, le dijo el Arco del Triunfo invitándolo con generosidad para que atravesara su pórtico. Repasó el francés que le habían enseñado en el Liceo Celedón y... en el país del vino y la buena literatura, lo atropellaron la soledad y la tristeza, llegando a instantes de desesperación; pero pudieron más sus ganas de triunfar y el no dejarse arredrar por el cambio de costumbres y cultura que en el país de la Ilustración era arrollador.

Al inicio no faltaron los críticos y las dificultades provenientes de un complejo y arduo proceso de aceptación: "empecé mal, porque arranqué sin jugar, con problemas con el técnico Pierre Mosca. Sólo hasta el año me aseguré en la titular y ganamos la copa Francia".

En el equipo de Montpellier de Francia su parte futbolística creció de tal manera que aprendió con el tiempo a marcar, a una mayor movilidad y a acelerar el ritmo con el balón; la posterior presencia de Claribet y sus hijos le brindaron, como siempre, mayor seguridad y estabilidad emocional; allí quedó campeón por primera vez a nivel profesional.

Alcanzó a superar la soledad con los miembros de su familia y también con la lectura, igualmente apasionante, de *Cien años de soledad,* la cual le hacía evocar el tránsito lento que desarrollaba el tren que venía de la zona bananera y se metía a Santa Marta, tocando su pito por la espalda del patio de su casa en punto de las cinco de la tarde: "tratando de fugarse de la pesadilla, José Arcadio Segundo, se arrastró de un vagón a otro, en la dirección que avanzaba el tren, y en los relámpagos que estallaban por entre listones de madera al pasar por los pueblos dormidos veía los muertos hombres, los muertos mujeres, los muertos niños, que iban a ser arrojados al mar como el banano de rechazo". Releía el libro porque era el único espacio visual que lo hacía encontrarse con su propio yo, con su geografía, su lenguaje, su historia.

Los franceses y el mundo entero volverán a regocijarse en el próximo mundial al observar a un Valderrama más veterano, pero con más sabiduría en sus pies; seguramente le devolverá al pequeño y bello pueblo de Montpellier, que lo acogió con afecto, toda su elegancia y exquisitez con la redonda, como una muestra de reciprocidad cultural.

¡Merci beaucoup, monsieur, vous étes le meuller de l'Amerique! dirá seguro la Tour Eiffel, soltando al viento millares de palomas y cubriendo de luces todas sus canchas, cuando este modesto hombre escuche con respeto en el centro del campo el vibrante himno de La Marsellesa.

Al llegar a España recordó mucho el poema *Cárceles* del poeta Hernández, el cual le ayudó a sobrellevar con resignación su estadía en aquel hueco de penas.

"De verdad que iba muy ilusionado, con la experiencia recogida en Francia, pero desafortunadamente ese tiro no salió", sostuvo el Pibe cuando fue contratado por el Valladolid, en el que, a pesar de tener como técnico a Pacho Maturana y como compañeros de campo a Higuita y a Leonel Álvarez, no logró triunfar; convirtiéndose ésta en una experiencia negativa para el fútbol colombiano. Se cuestionó entonces al técnico Maturana, al considerarse que su sistema de juego no era el apropiado y la forma de jugar de Leonel y del Pibe no se ajustaban cabalmente al exigente y adelantado fútbol español, que combina la rapidez, la fuerza y un juego para delante, "yo estaba contento, pero los resultados no se encontraron por ningún lado".

Del paso por el Valladolid, recuerdo un partido contra el Real Madrid donde José Miguel González, Michel, en una supuesta bola de aire, donde las marcas son dinámicas y de hombre a hombre, estando de frente al balón, se acercó hasta mí y de manera insospechada sentí que su mano desarrollaba un toque-toque genital que en el momento no entendí; no sabía si era un artificio parte de su juego para provocar una reacción violenta de mi parte o una desviación sexual hecha pública y por primera vez en una cancha de fútbol; me pregunté en ese instante qué era lo que le gustaba: mi afro, mi forma de marcarlo, mi ... El árbitro, percatado del acoso, permitió que yo avanzara acariciando la pelota, buscando penetrar en las huestes de Michel. Lo más grave de todo es que los periodistas y la gente no hablaban ni para bien ni para mal de mi fútbol, sólo se limitaron a escribir del agarre de Michel, quien por varios meses omitió dar declaraciones públicas.

En uno de esos días de terrible frío en Valladolid y con el peso de la frustración en mis hombros, llamé a Claribet, quien escuchaba en la alcoba una canción de Alejo Durán.

–Amor, sabes que me cansé de Europa. Aquí estoy muy triste y por eso quiero regresar a Colombia, ya está bien de estar paseando cuatro años, vámonos para la casa.

–Sí, papá, sí vámonos para donde los abuelitos– señaló Alan Ronald.

–Como dices tú, mi amor, apretemos los dientes y para delante, porque para atrás ni para coger impulso– dijo Claribet.

Europa curtió de cultura a él y a su familia, que ha permanecido unida a pesar de las permanentes ausencias propias de su profesión, y debido a la concepción que tiene de familia, la cual protege como uno de los dones más prodigiosos que le ha otorgado la vida. Cuando las circunstancias lo permiten pasa mucho tiempo en su hogar jugando y hablando con sus hijos, que lo divierten con sus aventuras y maldades que le evocan su pasado infantil, o yendo a la casa de sus padres, donde organiza reuniones con sus amigos y familiares en las que se solidariza con todos y cada uno de ellos contribuyendo al bienestar común. Goza por su espíritu y solidaridad del afecto de todos sus allegados; hace también las veces de consejero, en algunos momentos, hasta de sus propios padres, respetando siempre los límites de intervención.

En su tiempo de descanso se escapa para Piso Alto, esquina de ingratos recuerdos, pero igual allí departe juegos y chistes con sus mejores amigos, de la misma manera le extiende su cariño y positividad frente a la vida, a muchos de ellos les ayuda en forma material, mantiene su trato amable y su forma sencilla de ser. Su humildad potencia su calidad humana, nunca olvida su pasado histórico, virtud que se extiende con amplitud cuando los niños llegan a La Castellana los treinta y uno de diciembre al tradicional partido de las estrellas, permitiéndoles que se trepen en sus hombros, lo palpen, le pidan autógrafos, o una foto, lo único que no permite que le toquen, por ningún motivo, es su frondosa cabellera.

Pescaíto, con su llegada, explota de alegría; la gente pasa por la casa de sus padres tratando de llevarle un presente. Sus ex novias, simpatizantes y mujeres comunes y silvestres se adornan con sus mejores atuendos e inventan todo tipo de pretextos para pasar por su frente o alcanzar una simple sonrisa de sus labios, lo cual las enorgullece; cuando por casualidad alguna de ellas le alcanza a estampar un beso en una de sus mejillas, esto las deja sin dormir por semanas.

Desde El Rodadero hasta Taganga los peces parados en la cresta de las olas forman una hilera de recepción cuando su hijo mayor llega hasta las orillas del mar.

En una de sus idas al centro de la ciudad arriba a la tienda de ropas Guaya Sport en busca de cuentos, anécdotas y chismes que Guaya, el dueño del almacén, le teje en fracciones de segundos, doblándose de la risa por las formas teatrales que este jocoso personajes les imprime a sus inventos, algunos de ellos elaborados sobre el mismo Pibe, Jaricho o el Toto. El mono sale llorando del almacén encantado de las genialidades de ese cuentero regional que en ese instante es capaz, por su lengua viperina, de acercar hasta su almacén multitud de gente, sin saber si era por la presencia de la figura del Pibe o por la gracia del cuentero.

Por las noches, la salsa, la champeta y el vallenato ponen a sus piernas en calor defendiéndose del ritmo de las caderas de las prietas del barrio o de Claribet que siempre está atenta a la jugada. Así transcurren los días de vacaciones del ídolo samario.

Del frío calador de huesos de Valladolid, pasó a la ciudad de la eterna primavera; la paella se quedó atrás y ahora asume la apetitosa bandeja paisa con gusto. Treinta años de vida suma su calendario; con todas las riquezas del fútbol europeo entró en el alma de los antioqueños que gozaron a morir por los aportes que éste le hizo al fútbol de carriel. El poderoso Medellín se engalanó al tenerlo en sus filas y, no obstante haberse convertido en el conductor de sus compañeros y de cumplir en lo personal una campaña de lujo, su equipo quedó eliminado del octogonal; a pesar de ser un elenco que guapeó hasta el último momento, la desorganización institucional, materializada en el cambio de técnico, de presidente, y a un grupo importante de lesionados, afectaron el normal funcionamiento del club. A pesar de todo esto, Valderrama se echó el equipo encima y animó a sus compañeros para enfrentar con gallardía a su eterno rival, el Atlético Nacional.

Duelo de titanes, René Higuita y Carlos Valderrama. El Pibe había intentado por varios años y por todos los medios posibles, vencer al que él consideraba el mejor arquero del mundo en ese momento. Había fracasado con pelota muerta, desde el tipo penalti, con golpes de cabeza, con remates a quemarropa; Higuita gozaba orgulloso por no haber recibido ningún gol de su ídolo, ni siquiera en los entrenamientos de la Selección Colombia, donde fueron socios en todo momento. Para Valderrama el hacerle un gol al escorpión del arco se había convertido en un problema de honor.

Emotivo transcurría el partido, cuando Carlos Alberto observó desde la mitad de la cancha salido a René y mediante un bombazo logró bañarlo; éste, en el desespero más grande de su vida, vio anidar en la red de su corazón el balón, quedando extendido su cuerpo boca arriba y los brazos estirados como un crucifijo agobiado de penas. Valderrama grabó el gol y le regaló una copia autografiada a Renato y el original lo conserva en su archivo personal; "ha sido el mejor gol de mi vida, porque se lo hice al mejor arquero del mundo".

Dos vicisitudes importantes le deparó el año de mil novecientos ochenta y nueve. La primera, el descalabro que sufrió la Selección Colombia en la Copa América en Brasil, diri-

112

gida en ese entonces por el Chiqui García; "no nos fue bien, pasamos la primera ronda, pero pienso que se hizo una regular presentación", señaló en ese momento. La segunda fue en la época de su gran tutor y amigo Francisco Maturana, quien enrutó al combinado nacional de mayores al Mundial de Italia noventa, después de veintiocho años de ser Colombia un simple invitado de piedra a las gestas mundialistas.

A partir de mil novecientos noventa, el fútbol colombiano, en cabeza del binomio Maturana-Valderrama, asumió un peculiar estilo de juego, donde no es la fuerza la que define las contiendas, sino que son la inteligencia y la fantasía las que hacen de un partido, cualquiera que sea, un juego de muchachos donde se puede y se debe practicar con el propósito de divertir a los espectadores, pero en el que también gozan los actores del campo de juego; según el fútbol, en su accionar produce la misma alegría, así se juegue en La Castellana, en Rebolo, en el Olaya que en el Giuseppe Meazza, Maracaná o el Monumental de Núñez. La pasión del balón sólo la producen los que juegan con la espontaneidad de la imaginación; los sistemas son importantes, pero la estética y la creatividad están por encima de ellos. Por eso, en el Mundial del noventa en Italia, Maturana le depositó toda su confianza a este creador de fantasía, quien frente a Alemania, Campeón Mundial de ese evento, a pesar de ser agredido varias veces por los contrarios, jamás se arrugó ante la blindada tanqueta alemana, que con Littbarski, Klinsman, Voller y Matthaus, intentó derrumbar las paredes que construía; tampoco se doblegó el sutil Andrés Escobar, quien nunca rifó una bola, y René les mostró en y por fuera de las dieciocho que los arqueros también tienen derecho, como cualquier otro jugador, a driblar contrincantes, parar pelotas con el pecho en el área de candela y dibujar figuras en el aire.

Beckenbauer gritaba furioso porque lo enloquecían las diabluras de Rincón, la guapeza de Leonel, que de tú a tú encaraba la rabia de los teutones que, sacando ánimo y presteza, por fin lograron apretarnos con un gol de Littbarski, pero ni eso los dejó tranquilos; además, ya estaban clasificados para la próxima ronda; el malestar era otro.

Pocos minutos le restaban al partido, cuando en una recuperación del balón por parte de Leonel, éste se lo entregó con delicadeza al maestro, a quien le cayeron como cuervos a cerrarle todos los espacios, pero con un leve cambio de cuerpo les quebró la cintura a los enterizos defensas contrarios, asestándoles la dolorosa flecha del pase-gol para que la pantera negra de Rincón introdujera por los rígidos silencios de las piernas de Bodo Ilgner un gol tan épico como aquel olímpico que le marcó Marcos Coll a Lev Yashin, portero de la extinta Unión Soviética. Ambos empates fueron producto de la fantasía y la inteligencia latina contra la fuerza y la racionalidad europea.

Valderrama expresó: "yo creo que nos fue bien. Pasamos a la segunda ronda. Hicimos un gran partido contra Alemania, donde yo creo que ha sido uno de los mejores partidos que algún seleccionado ha tenido".

Mil novecientos noventa y tres fue para Carlos Alberto uno de los años más pródigos en lo futbolístico. El cinco de septiembre Colombia, de su mano, cambió la historia con Argentina en esta materia.

La tarde se adornaba de todos los ribetes para degustar una final de infarto. Los técnicos concebían tener todo previsto; en general, los nervios de los aficionados de ambos equipos se parecían a un erizo en posición de ataque; un señor saltó la malla de seguridad y en el centro del campo prendió un tabaco de metro y medio de largo, lo sembró en la grama y le dió tantas vueltas en zigzag hasta que cayó de bruces sosteniendo un Cristo de plata, acompañado de los cánticos de los aficionados que con sus ojos cerrados y agarrados todos de sus manos elevaban sus plegarias. El señor regresó de rodillas a su puesto encantado por un aplauso atronador.

–Diego, Colombia es un equipo que viene empujando desde hace rato, bien armado desde atrás hasta su línea de ataque, con un fútbol colectivo y brillantes individualidades, además nos ganó en Barranquilla dos a uno, realmente ¿cuál es tu impresión?– preguntó Angustini.

–No, no pasa nada con Colombia. Ellos no han inventado nada, lo de Barranquilla fue una pavada; nosotros somos campeones mundiales, no se va a cambiar la historia del fútbol

116

en noventa minutos, acordate que no tienen ni la tradición ni la garra nuestra.

—Diego, Basile adujo que el calor y un triz de desconcentración perjudicó a los muchachos en Barranquilla, ¿no sería que el equipo llegó muy agrandao?

—No, para nada, vos sabés que Argentina es un fenómeno, es un equipo bárbaro, no hay que perder la cabeza con una escaramuza como la de Barranquilla, allá nos hicieron la vida imposible, mucho Joe Arroyo, un tal Cole y el negrito gritón ese de la radio que nos echó la gente encima, además no nos dejaron dormir igual, no olvidés los treinta y tres partidos invictos que traemos entre pecho y espalda. Les hemos dado por la cabeza a chicos y a grandes, los que inventaron el fútbol fueron los ingleses y les ganamos también.

—¿Dónde, en las Malvinas?

—No, aquello fue un simple error táctico de Galtieri y no más, mirá cómo estamos ahora, Menem está sobrao, mejor para dónde.

—Vimos jugar al Pibe Valderrama, a Rincón, también a Asprilla y bueno, saben con la bola, son desequilibrantes. ¿Qué concepto te merecen?

—Ese petiso de dónde sacó el nombre de Pibe; que lo lleve Batistuta, Redondo, Leo, Basualdo y por supuesto yo, vaya y venga pero ... tú qué fue lo que viste, quiénes son ellos.

Horas antes del partido, las dos naciones vivían momentos de tensión y angustia; las preocupaciones por la inflación y la violación de los derechos humanos se hielizaron por días.

Los dos presidentes, conocedores de la importancia y necesidad de estos eventos, se desearon por teléfono buena suerte. Permanecieron más tiempo hablando de las virtudes de la apertura económica y los problemas arancelarios; sus mayores esperanzas se centraron en anhelar que sus pueblos se mantuvieran hasta el final de sus mandatos discutiendo más de túneles, gambetas y chilenas que de salarios y corrupción.

Las ciudades y las calles de ambos países parecían, por lo solitarias, arrasadas por un terremoto continental. Apuestas mesuradas, técnicos y partidos de ficción surgieron de cada barrio, esquina, tienda y hogar; tácticas y pollas fueron los temas de astrólogos, brujos, científicos, niños, ancianos, mujeres, emboladores, profesores, taxistas, estudiantes, prostitutas, poetas, curas, políticos, moribundos. Nunca antes se había presentado tanto acercamiento de pieles, voces, regiones y clases sociales; todas las cercas existentes se subieron en una alfombra supersónica y desaparecieron como saetas en el enjambre de nubes multicolores que atónitas observaban el espectáculo.

Maturana, minutos antes del partido, expresó: "Argentina es un equipo de respeto, nosotros tenemos nuestra propia filosofía, esto no es una guerra, ni mucho menos el fin del mundo, el fútbol es un arte, esperamos divertirnos todos".

Borges, llevando de la mano al Pibe, lo recubre de un ungüento mágico y éste interpreta una tocata lírica contagiante, sudorosa y placentera, evocando aquellos instantes de Pedernera, Cozzi, Labruna, Charro Moreno, Sivori, San Filipo ... quienes a ritmo de ballet y con la guapeza del hombre de las pampas de Martín Fierro hicieron glorioso el fútbol gaucho.

El acostumbrado pase–gol, que es como

una flecha en la yugular del adversario, hecho a Rincón a los cuarenta y un minuto del primer tiempo por el poeta dorado de Pescaíto, le quebró la voz a la atragantada barra brava que ya empezaba a reconocer que a los árboles cuando les escasea la savia les es difícil que florezcan en primavera. El Pibe les propinó la misma estocada que a los alemanes; sin embargo, la hinchada albiceleste, no se arrugó:

"Pongan huevos, huevos Argentina.
Pongan huevos sin cesar.
Que esta tarde, cueste lo que
cueste, esta tarde tenemos que
ganar".

Ensordecieron mil voces el estadio con este estribillo, pero la gallina aún cacarea iracunda en el corral.

Leonel y Alexis Mendoza taponaban los ataques y destruían las paredes que Batistuta y Leo Rodríguez intentaban construir. Los tacos de la defensa colombiana se levantaban por encima de las mismas torres del alumbrado del monumental de Núñez, por allí no pasaban ni las bocanadas de humo del Coco Basile, ni los bramidos del Mostaza Merlo. Como una palmera risueña, leve y segura se estiraba la silueta cromática del arquero Córdoba, quien selló su puerta y botó la llave en el pozo de las angustias de los despelucados locutores argentinos, que se desgañitaban por hacer actos de magia con la palabra, añorando la presencia del astro que con sus baterías descargadas, entre cogido, desde la tribuna empezaba a atorarse con las palabras que había expresado; los narradores cantaban goles donde sólo se insinuaban tiros de papel, similares a los ataques de arrogancia del general Galtieri en épocas de protagonismos almibarados por balas de algodón.

No eran tambores de guerra los que sonaban en la pintada cancha de River. El bamboleo sincronizado de la cumbia y la salsa fue lo que se impuso a los pergaminos de jabón y copetes de plata regados como en campo de batallas en guerra de soberbia y plásticas dignidades. La ternura del cuero, la caricia de los pies desnudos de Asprilla que, a lo Pelé, en forma intempestiva, dibujó una parábola colocando el balón ahí sí, donde las arañas ponen los huevos;

puro arte-gol agujereando la etiqueta anti-todo que el chovinismo de pequeña aldea le había estatuado al adusto Goycochea. Acompañaban a la sinfonía las voces de ébano del témpano de Maturana, que con postura de búho serenaba al potro brioso que se desbocaba del pecho del Bolillo Gómez.

Bati, Bati, dámela, no la rifés, más rápido, ché, hay que sacarlos, hay que abrir la cancha; Ruggeri, poné la pelota al piso, decile a Redondo que apriete al mono boludo ése, nos va a matar, cojan al negro este, aquel ... adentro otro gallo cantaría.

No fueron tantos los goles ocurridos en tan corto tiempo los que produjeron en un amplio sector de la tribuna tímidos auto-olés y la presencia incluso de lazos colgantes del techo presagiando una tarde patibularia; fue la escarcha de fantasía esparcida en una grama que lloraba de alegría al sentir el roce de la melodía de una orquesta que puso a hacer pases y a evocar a muchos asistentes a su más grande poeta, Borges, cuando repitió una estrofa del poema *Instantes* de Nadine Stair "... yo fui una de esas personas que vivió sensata y prolíficamente cada minuto de su vida; claro que tuve momentos de alegría; pero si pudiera volver atrás, trataría de tener solamente buenos momentos. Por si no lo saben, de eso está hecha la vida, sólo de momentos, no te pierdas el ahora".

Imágenes pluriétnicas configuraron el rubio porte de Batistuta y la gacela negra-azulosa de Asprilla que con sus filigranas atadas a los rizos dorados dejaron boquiabiertos a quienes, algunas veces, con su silencio de hiel y aplausos empujados, reconocían que en el fútbol gana quien tiene la mentalidad, la inteligencia y los goles y no el simple verbo placero como aquella verdulera que en el mercado debía gritar mucho más que sus socios, porque sabía que su mercancía estaba podrida.

Simeone, Ruggeri y Medina Bello se acaloraron de impotencia, lanzaban patadas y mordiscos hasta la esquina de la Patagonia. Filippi, atento e higiénico en todo momento, atemperó la situación con gesto de sanción; Barrabás, audaz y categórico le dijo: "señor árbitro... no vaya a expulsar a ninguno porque después van a decir que perdieron por inferioridad numérica, ellos se inventan todo".

Mientras todo el estadio entonaba Pibe, Pibe, Pibe, Pibe, Maradona se quitó la camiseta argentina, se la enrolló en el cuello, le pidió el balón al árbitro y, cuando salió el último aficionado, se sentó sobre él, solitario en el centro del campo, mirando el tablero de marcadores que le repetía de manera inmisericorde: cinco a cero, cinco a cero, cinco a cero... Ya la luna se despedía de la noche y él aún mascullaba...

El paso por el Valladolid y por el Independiente Medellín, no fueron austeros, a pesar de que los aficionados de la eterna primavera le profesaran un altísimo reconocimiento por sus dotes humanas y su estilo de juego, este último respondía a la calidad y sistema de juego que había implantado el Negro Maturana a todos los equipos antioqueños.

En un mañana bañada por un sol arisco, en todas las esquinas de Barranquilla aparecieron pegados miles de carteles, los ñeros se agolparon por montones para observar de qué se trataba.

Ha muerto
el América de Cali
con Maturana a la Cabeza
Junior Campeón 93
invita al sepelio el 19 de diciembre
a las 5:30 P.M.
Velación Estadio Metropolitano. Rumba
Calle 84

La gente se desocupó temprano de sus
oficios, el director técnico Julio Comesaña en
su charla antes del partido planteó una táctica
ofensiva, suena el silbato y

TIBURÓN
CON DIENTES DORADOS
otra vez la calle sin palabras,
rueda el balón,
corre la inteligencia
tiembla de angustias el Metropolitano;
dos, dos,
diablos y tiburones,
otras gargantas celebran,
y saetizan el tiempo.

El azufre aturde la tarde.
Aparece el espanto del Pibe
y, como un pase de ángel,
le hiere el alma a Lucifer.
Mackenzie con una rivelina gambeta
toca la diana
y tres, dos
volteándole los ojos al infierno.

Serpentinas celestiales, cumbia y ron.
Se precipita el carnaval marino;
caracoles multicolores
entonan estribillos caribeños;
mujeres vestidas de algas danzan
al compás de Ino-Leucotea
delfines coquetones brincan
sobre los hombros del caimán
los peces en fila india y jabón en mano
acuden a bañarse al lado del gran tiburón.

Mientras tanto
Lucifer
en el camerino
acostado se muerde la cola.
Maturana y Bolillo Gómez

vuelan encantados
escoltados por un cortejo de escamas.

Junior el pescaíto
hecho tiburón
campeón

Doloroso fue mil novecientos noventa y cuatro, cuando en un partido contra la Selección de Suecia en Miami, en el estadio Orange Bowl, hacia la mitad de la cancha un sueco con mala intención le cometió una falta violenta que logró suspenderle la respiración a todos los colombianos por espacio de cinco minutos; sacó toda su casta y amor por su camiseta, se reintegró al campo con una lesión en su rodilla derecha buscando garantizar su liderazgo y temperamento, el cual se desbordó llegando a su primera expulsión con la camiseta de la Selección: "ante los suecos me calenté, porque sentí, apenas recibí el golpe, que era de quirófano. En un segundo me pasó de todo por la cabeza, hasta la posibilidad de quedarme viendo el mundial por la TV. Son momentos de ira, momentos en los que no te puedes controlar".

Colombia estaba preocupada porque faltaban escasos tres meses para el Mundial de los Estados Unidos. Con muletas y pesimismo caminaban las expectativas de los simpatizantes del Pibe. La ciencia médica, su fuerza de voluntad y amor por Colombia, fueron los antídotos que permitieron que los sueños de Carlos y del país no se vieran frustrados ante tan grave incidente; muchos pensaron que sería el final de su carrera deportiva.

En un país atrapado por la desesperanza, sólo la Selección Colombia hacía que su gente alcanzara un nivel alto de identidad y de alegría; quizás fue eso y un folclorismo insensato y ramplón lo que hizo que la coronaran campeón mundial antes de haber iniciado la contienda. Pero Hagi, con la picardía latina en sus pies logró vencer a Córdoba con un zurdazo; bañando de escepticismo las esperanzas de los colombianos; los Rumanos les escondieron la pelota a los criollos, Valderrama perdió la brújula y Colombia recibió su primera gran derrota.

Para colmo de males se perdió con los neonatos del fútbol; para los Estados Unidos haberle ganado a Colombia daba por cumplida con creces su participación superando a los supuestos campeones del mundo con el gol más costoso de la historia de mundial alguno. Andrés Escobar, el ariete de la defensa, amurallado de nervios, anidó el balón en el corazón de los colombianos con su blanca pierna. Silbidos y tambores de guerra asediaron enseguida los oídos de los ídolos de cera; gritos de villanos se escucharon desde las esquinas, emisoras y carteles hasta que, en un tiro de esquina, la muerte gambeteando su ternura le hizo el último gol a Andrés.

Un anciano, después de alcanzar a escuchar la noticia, señaló: "No fue a un futbolista al que mataron. Mataron un poco la vida. Como cuando aquí en Nueva York asesinaron a John Lennon. Una cosa es un político o un comerciante, y otra un artista o un futbolista que es casi un artista... para mí asesinaron una parte de la vida, de la verdadera vida. Asesinaron un sentimiento, una pasión, no sólo a un futbolista".

Por eso el noventa y cuatro, para el Pibe, quizá sea el peor año de su vida como humano y como futbolista: "estamos mal, creo que todos nosotros estamos mal por la situación. Lo más duro del mundial ha sido el golpe de Andrés, con su muerte. El golpe deportivo se podía asimilar fácilmente, porque uno trabaja para ganar y perder y nos tocó perder. Pero lo más difícil es lo de Andrés. Y lo de Andrés no tiene remedio".

En mil novecientos noventa y cinco se coronó campeón otra vez, alcanzando la cuarta estrella en todo su historial deportivo y de nuevo fueron las aletas del tiburón mayor Carlos Valderrama, las que condujeron con carnada fina al torpedero Iván Valenciano, quien durante toda la temporada lanzó metrallazos de alegrías a los arqueros contrarios con sus pies boterianos. Iván el terrible les hacía recordar a los aficionados y locutores de edad al inolvidable Pata e' mula Calonga, vieja gloria del fútbol barranquillero.

Agonizando el campeonato, en el penúltimo partido contra el Deportes Quindío, el arquero Lincon Mosquera soltó la redonda de un zapatazo del jugador Montesino y entró el Pibe con la pierna izquierda y gol. Hasta ese momento eran campeones, pero el América, que todavía tenía esperanzas, puso la carne en el asador, ganándole tres por uno al Santafé en el Pascual Guerrero; hubo entonces que aplazar la vuelta olímpica en el Metropolitano.

En Bogotá se enfrentaron con su antiguo estratega Julio Comesaña, quien los hizo campeones en el noventa y tres, y quien en esta ocasión dirigía a los Cardenales; conociéndoles muy bien los derrotó fácilmente, pero a pesar de eso Junior quedó en primer lugar. Al América le faltó nuevamente oxígeno. El gran festejo fue en la arenosa en las horas de la madrugada del siete de junio, cuando el carro de bomberos despertó a todo el pueblo; el pescaíto samario volvió a colmar de gloria al fútbol ñero.

"Dejemos el festejo por la cuarta estrella iniciado, porque ahora el compromiso es con Colombia", dijo Valderrama, ya que al día siguiente debía integrarse a la Selección Colombia que participó en la Copa U.S.A. noventa y cinco, como fogueo a la Copa América de Uruguay del mismo año.

La comercial liga norteamericana comprendió, desde U.S.A. noventa y cuatro, el valor e imagen futbolística que la cabellera dorada representaba para ellos y lo fichó para el Tampa Bay, buscando con su estilo y juego promocionar el *soccer* y, por supuesto, con una predominante intencionalidad económica. Su paso por el fútbol estadounidense, al igual que el de otras figuras mundiales como Pelé, hace parte de un ciclo aún vital, pero que permite prever el cierre paulatino e inteligente de su exitosa carrera deportiva a sabiendas de lo corta que es la misma.

En el Aeropuerto Ernesto Cortizos de Barranquilla una lluvia de periodistas nostálgicos no se resignaban a creer en la ida de Carlos Alberto al fútbol norteamericano.

–Pibe, tu ida se debe, como se comenta por ahí, a discrepancias económicas con los directivos del Junior o un declive en tu edad.

–Noo, todo bien, todo bien, yo soy un profesional y juego donde me paguen mejor, de lo otro seguro voy a estar en el Mundial de Francia, allí voy a demostrar cómo estoy.

–¿Cuáles son las expectativas de Colombia en Francia?

–Las mismas que tienen todas las selecciones clasificadas.

—¿Después de Francia, el retiro?

—Vamos a ver qué pasa, ahora sólo pienso en el mundial.

Todo bien, todo bien. Este ídolo de los colombianos no sólo impulsó un estilo de juego en la Selección Colombia, sino que también se convirtió en un fenómeno cultural significativo en el lenguaje cotidiano de la gente, de ricos y pobres, mujeres y hombres, niños y adultos, quienes no sólo han apreciado y gozado con su forma de tocar el balón, sino que también la expresión del "todo bien" se generalizó e impulsó tanto para los acontecimientos adversos como para las situaciones felices; dicha expresión se debe entender como una forma sintética de aprehensión de una realidad, de un estado de ánimo, de un momento de la vida misma. Se puede considerar como un evento sociolingüístico de significación nacional del habla popular, extendido a todas las esferas sociales, que, con orgullo y placer parafrasea, incluso aludiendo a su autor.

Este símbolo del imaginario colectivo del país ha generado un elemento de afecto, identidad y reconocimiento; existe un querer ser

Pibe, tener un hijo como el Pibe, jugar como el Pibe...

Con un abrir de ojos el Pibe le indicó a Fredy Charris, su compadre y ex jugador del Magdalena, que subieran hasta su cuarto, después de haber terminado un entrenamiento el día veinticuatro de marzo de mil novecientos noventa y ocho, un día antes del partido contra Yugoeslavia. Fredy distensionó y facilitó el encuentro en el Forte Capital de Bogotá, punto de concentración de Colombia; amabilidad, risas y recorderis rodearon el instante.

–¿Encuentras alguna relación entre el fútbol y la poesía?

–Lírico. Yo pienso que el fútbol es lírico y la poesía también, depende como la exprese uno, como uno la capte, de acuerdo como uno juegue se parece a la poesía.

–Valdano.

–Pienso que es uno de los técnicos grandes que tiene el fútbol mundial, también escribe bastante bien, ojalá algún día tenga la oportunidad de hablar con él.

–¿Cómo contribuirías a la paz de Colombia?

–El país sabe que yo estoy disponible para la paz como otros compañeros que estamos aquí (selección), estamos tratando con nuestro fútbol de salir adelante y de pronto con él ayudemos a la paz.

–¿Cuál es tu concepto sobre la muerte?

–Bueno, yo creo que algún día llegará, ojalá no sea tan pronto (risas); de todas maneras desaparecemos aunque pienso que nadie quiere irse de acá, todos tenemos temor a eso, pero tampoco es complicado, eso llega cuando el señor lo llama a uno, esa decisión es de Él, ahí sí no se puede hacer nada, cuando me toque ojalá ya esté viejito (risas), eso no tiene día.

–¿Y si la gente lo entierra en La Castellana?

–No hay problema, la gente es capaz de cualquier cosa (risas).

–¿Dónde te gustaría pasar tus últimos días?

–En Santa Marta, en Pescao, porque allá está mi gente, están los veteranos: mi papá, mi mamá Juana, mi abuelo, Rosa está ahí, los Palacios, mis amigos, mis hermanos y yo tenemos nuestras casas allí, nos quieren mucho, no tenemos ninguna clase de problemas, me gusta el barrio y sólo saldré obligado.

–¿Es un problema de identidad?

–Sí, claro.

–¿Cuando sueñas eróticamente, quién se atraviesa por tu mente?

–Yo eróticamente no sueño, tengo rato, pero rato, que no lo hago; ya yo pasé esa etapa (risa prolongada).

–¿Entonces?

–No, no sueño.

–¿O sea que tampoco tiene fantasías sexuales?

–No; yo las vivo, las siento ¿Sabe cómo es? (risas).

–¿Sigue siendo Claribet el apoyo fuerte en tu vida?

–Sí, gracias a Dios hemos tenido una buena relación; ha pasado mucho tiempo, no hemos tenido ningún tipo de problemas, ojalá sigamos así hasta que Dios nos separe.

–¿Cuál de sus hijos pinta para el fútbol?

–El más grande es el que tiene diferencia, porque el otro es menor y apenas tiene nueve años; Alan Ronald tiene catorce años y tiene condiciones, ya juega en equipos, esperemos que le guste el fútbol como a mí me gustó para que le salve la patria a la mamá (risas).

–¿Cuando te retires te vas a dedicar a administrar tus bienes o a ser técnico?

–Yo estoy viendo las dos posibilidades, si manejo mis bienes, pero si me sale la posibilidad de hacer mi carrera como técnico la voy a aceptar y yo pienso que me voy a preparar para eso, si me toca la oportunidad. Espero tener suerte.

–¿Estudiaría administración de empresas?

–Sí, esa también es mi idea, ese es mi propósito, cuando termine mi carrera deportiva. Esperemos tenga suerte en esa carrera nueva, para manejar los bienes, para ver cómo me va, para alzar a mis familiares, a mis hijos, esperar que todo salga bien como me ha ido en el fútbol.

–¿Si fuera técnico con cuál sistema trabajaría?

–Con el mío, con el que yo he aprendido con Pacho Maturana, ese el que le ha dado resultado al fútbol colombiano.

–¿Es cierto que así como se vive se juega?

–Yo pienso que sí, porque si uno tiene problemas familiares, si tiene tristeza en su casa no va a andar bien en el trabajo; más en el fútbol, en el fútbol se necesita alegría, paz en el hogar para salir adelante en la cancha.

Eduardo Galeano escribió sobre Diego A. Maradona al final de su carrera algo que calza como anillo al dedo en el caso de Carlos Valderrama: "Nadie ha dado tanta alegría como este mago que baila y vuela y resuelve partidos con un pase imposible o un tiro fulminante. En el frígido fútbol de fin de siglo, que exige ganar y prohibe gozar, se va el hombre que nos demostraba que la fantasía puede también ser eficaz".

WILMER A. DAZA BOHÓRQUEZ

La Calle del Pozo, donde nací, recibía todos los días los cánticos azules del mar de Santa Marta, que aromatizaba las terrazas de las casas con los olores de las algas y el de un frondoso palo de mango a donde acudían todas las tardes una estela de pericos y una lluvia de pájaros de todos las especies y colores; esa algarabía espantaba las ánimas penitentes que en la prima noche se acercaban a comentar sus penas y alegrías diarias. Mi madre me advertía para que no cogiera los frutos de aquel árbol.

Como muchos colombianos también llegué a este mundo atado del cordón de la violencia. Salpicados por el fuego que silenció, justamente en mil novecientos cuarenta y ocho, la valerosa palabra de Gaitán; mientras mi padre y mi madre escuchaban lo que sucedía en Bogotá, yo en pañales retozaba en mi cuna de mimbre. Fue la única vez en la vida que vi llorar a mi viejo. María del Socorro, mi madre, con su ternura arrullaba en su regazo la ira de Nelson Encarnación.

El mar y la pelota de trapo fueron mis primeros amores. Por las mañanas, con mis amigos de cuadra, atravesábamos el mar de punta a punta, y por las tardes cazábamos pájaros y animales silvestres, sin faltar por supuesto el respectivo partido contra la Calle Grande, quienes siempre perdían las apuestas de gaseosas, paletas y otras chucherías en contienda.

El Liceo del Caribe, donde recibí mis mejores lecciones, quedaba a una cuadra del mar del Centro y en la misma calle donde yo vivía, por lo tanto la seducción era constante, acompañada de las incesantes cantaletas del profesor Guerra para que entráramos a clase puntualmente. Siempre perdió el año ante las desnudas olas mañaneras y la invitación que nos hacía la arena para que le acariciáramos la piel con la arisca bola de caucho. Del fondo y lejanía del mar venían todos los peces a aplaudir los goles de nácar y las chilenas de escamas que nos inventábamos.

Eduardo Retat, Raúl Peñaranda, Justo Palacios, Pescaíto Calero, Canocho Rodríguez, Juan Cervantes, José del Carmen Arango y otros juveniles muchachos salimos del campo de los gringos y de las inolvidables canchas de La Castellana y del Liceo Celedón, coronándonos campeones nacionales en la ciudad de Girardot, representando los colores gloriosos del departamento del Magdalena ante equipos y jugadores vinculados al fútbol profesional. Corrían los años de mil novecientos sesenta y ocho y una nueva generación futbolística reivindicaba la gallardía del fútbol samario.

A mi hermoso y riguroso padre poco le gustó el fútbol, ya que él tenía claro que el futuro de sus hijos no estaba en sus pies sino en la cabeza. Eso lo entendimos Nelsito, Nenón y yo, quienes fuimos de todos los hermanos los que más tuvimos vínculos con la pasión del fútbol.

El Deportivo Pereira, inicialmente, siendo Director Técnico el paraguayo López Fretes, después de haber quedado campeones nacionales, estuvo interesado en Retat, Calero y yo para que hiciéramos parte de la escuadra matecaña; de allí surgieron y se hicieron estrellas los dos primeros. La vinculación al club incluía el pago de los estudios universitarios.

Nelson Encarnación se opuso rotundamente en la sala de nuestra casa ante la insistencia de aquel zorro entrenador, quien no entendía la actitud de mi padre. Yo tampoco pero... Liberal, como se llamaba el perro de la casa, no dejó de ladrar en todo el día, las palomas se abstuvieron de salir de su casa por más de un mes, todos los animales que estaban en el patio miraban a papá con ojos tristes.

Nunca me explicó las razones de su determinación. Pensé que me había dejado algo escrito en su testamento, pero tampoco. Hoy con mucha paciencia y con orgullo desde las aulas de clase de la Universidad Distrital intento acercar a mis estudiantes al gozoso mundo de la literatura, sueño y le hago poemas al fútbol y a la vida, observando siempre con respeto y admiración la sabiduría de aquella decisión, y como dice la canción de Piero:

"Viejo, mi querido viejo,
ahora ya caminas lerdo,
como perdonando el viento,
yo soy tu sangre, mi viejo,
soy tu silencio y tu tiempo,
él tiene los ojos buenos..."